唐

开放的大唐 · 文化篇

气象万千

贾志刚 著

西安出版社

图书在版编目（CIP）数据

开放的大唐. 气象万千：文化篇 / 贾志刚著. —西安：
西安出版社，2016.11（2021.4重印）
ISBN 978-7-5541-1909-9

Ⅰ.①开… Ⅱ.①贾… Ⅲ.①中国历史—唐代
②文化史—中国—唐代Ⅳ.①K242

中国版本图书馆CIP数据核字(2016)第297867号

开放的大唐系列丛书·文化篇
Kaifang De Datang Xilie Congshu·Wenhuapian

气 象 万 千
Qixiang Wanqian

著　　者：贾志刚
出 品 人：屈炳耀
主　　编：杜文玉
策划编辑：史鹏钊
责任编辑：张增兰　范婷婷　原煜媛
责任校对：张爱林　陈　辉　张忝甜
装帧设计：朱小涛　纸尚图文设计
出版发行：西安出版社
地　　址：西安曲江新区雁南五路1868号影视演艺大厦11层
印　　刷：永清县晔盛亚胶印有限公司
开　　本：880mm×1230mm　1/32
印　　张：10.75
字　　数：145千
版　　次：2017年4月第1版
印　　次：2021年4月第3次印刷
书　　号：ISBN 978-7-5541-1909-9
定　　价：48.00元

序一

开放与融合：唐代文化的会通精神

现在读者朋友看到的这套《开放的大唐》丛书是西安市委、市政府为塑造西安城市品牌，传播西安声音，讲述西安故事所制作的《大西安印象》系列丛书中的第一套。编委会的同志希望我能为这套书写些文字，作为序言。盛情难却，撰写此文，供读者朋友们阅读这套丛书时参考。

我是做中国思想文化史研究的，这也是习近平同志提的中国优秀传统文化的重要方面。正如习近平同志所说："中华文明源远流长，蕴育了中华民族的宝贵精神品格，培育了中国人民的崇高价值追求。自强不息、厚德载物的思想，支撑着中华民族生生不息、薪火相传，今天依然是我们推进改革开放和社会主义现代化建设的强大精神力量。"西安是十三朝古都，有周秦汉唐的底蕴，在文化上可以说是积淀深厚，西安市委书记王永康同志也提出了这一点，要坚定文化自信，挖掘利用好西安的历史文化资源，担负起西安对中国文化的历史责任。

《开放的大唐》丛书对有唐一代近三百年的政治、经济、文化、生活、外交和都邑等六个方面做了介绍和解析，反映了唐代物质文化、精神文化、政治文化与制度文化的繁荣和逐渐趋于完备的过程，具有重要的学术价值和实践意义。

一、唐朝在国家制度上的创新

唐代国家政治制度的建设，体现出与前些朝代会通的特点。据陈寅恪先生研究，隋唐政治制度有三个来源：一是北魏北齐孝文帝改革后的制度；二是以梁、陈为代表的南朝后半期的政治文化；三是西魏、北周时期的个别制度。自东汉统一的中央集权解体后的三四百年间，虽有西晋短期统一，但西晋并没有政治制度上的建树。南北朝时期，南北政权在研究国家怎样才能统一的主题面前，各有对于政治制度的新见解。隋代立国，政府机构的设置多沿袭北魏，赋税体制则多采自南朝，而唐朝则是上面各方面的会通与新创造。

唐代在国家官员的选拔上，发展了隋代的科举取士制度，使寒门人才有机会进入政府部门，打破了贵族的政治垄断，使国家政治机构获得一定的活力。在经济上，唐代保护自耕农，同时提倡商业，发展对外经济、文化交流。在唐代，民族问题的处理也尽量依据平等原则，唐太宗说："自古皆贵中华、贱夷狄，朕独爱之如一。"太宗命孔颖达等人编《五经正义》，又提倡道教、佛教，允许宗教信仰在不影响国家利益的前提下发展，因而景教（唐代传入中国的基督教）、祆教、伊斯兰教和摩尼教（波斯人摩尼在公元3世纪创立的宗教）在唐代都有所传播。

在唐代，史学著作别具一格。唐代官修前朝史书有《梁书》《陈书》《北齐书》《周书》《隋书》《晋书》六种，加上李延寿私修的《南史》《北史》，共八种，占"二十四史"的三分之一。编修史书部数之多、质量之高为其他朝代所不及。杜佑还创造了一种新的史书体裁——政书体。唐中宗时由刘知几编撰的《史通》，是我国古代史学的一部划时代的文献，由此奠定了我国史学批评的基础。

唐代文学绚丽多彩。唐代建立后，大臣魏征、令狐德棻等，都要求改革六朝文风。"初唐四杰"和陈子昂为唐代文学的繁荣揭开了帷幕。盛唐时期，王维、孟浩然、高适、岑参、李白、杜甫，群星灿烂，异彩纷呈。中唐后元稹、白居易、韩愈、柳宗元又把文学传统推向一个新的高峰，形成了唐代文学又一个百花争妍的局面。

总之，唐代的盛世由贞观年间（627—650年）开始，经高宗、武后、中宗、睿宗的过渡，到玄宗开元年间（713—742年）达到顶峰。天宝年间（742—756年），各种社会矛盾开始激化，到安史之乱爆发，唐朝的盛世宣告结束，经历了一百余年。

二、唐代思想文化的历史影响

　　唐代是中国传统社会的鼎盛时期，也是中国古代思想文化一个新的高峰期。

　　在唐代，儒、释、道思想融合进一步加深，为以后理学的诞生奠定了思想学术基础。唐代的佛教，已经完成了中国化的历程，异域传入中国的佛教与本土文化渗透融合，形成了不同的宗派，有代表性的包括三论宗、天台宗、唯识宗、华严宗、禅宗等，特别是中国化的禅宗获得了长足的发展。民族交融、人口迁徙和文化流变促进着文明的全面进步，提升着民族的文化创造力。从魏晋南北朝到隋代，有不少人主张在思想上融合儒教、佛教与道教，人称"三教合一"。"教"指教化，所谓"三教合一"，并非三种宗教合一，而是指三种教化的融合渗透。从南北朝时期，就有一些儒者以宽容的态度对待佛教思想，如颜之推，他称儒学为"外教"而佛学为"内教"，把儒家学说中的仁、义、礼、智、信"五常"，同佛教戒律的不杀生、不偷盗、不邪淫、不妄语、不饮酒"五戒"一一对应，以儒诠佛，以佛注儒，认为儒学思想和佛学思想在内涵上具有一致性，"内外两教，本为一体"。仁对应不杀生，义对应不偷盗，礼对应不邪淫，信对应不妄语，智对应不饮酒。这开启了隋唐儒释渗透的先声。

道教在唐代具有特殊地位。由于唐朝皇室自认为是老子的后代，因而把道教列于其他宗教之上。唐高祖时，明确规定道教在三教中享有最高政治地位。唐玄宗继续提高道教的地位，神化老子，一再给老子加封，并下令各地遍建玄元皇帝庙，大量制作玄元皇帝神像，不断编造玄元皇帝降灵的神话。唐玄宗还亲自为《道德经》作注疏，将《御疏老子》及《义疏》颁示天下，并组织力量整理编辑道教典籍，在社会生活中倡导道教斋醮、推行道教乐曲等。道教由此而成为唐代政治上最显赫的宗教。唐朝统治者对道教的推崇，为道教的发展和传播提供了便利和资源。唐朝道教的学说主要见之于成玄英、王玄览、司马承祯、李筌等人的著作。

唐代的主流思想是儒学。唐初，为了适应大一统国家的政治需要，在唐太宗李世民的主持下，对汉魏以来的儒家经典进行了系统整理，形成了《五经正义》，经学进入了统一时代。《五经正义》给当时学术界提供了一个统一而规范的官方经典文献，结束了由于政治分裂而形成的南北经学分歧，成为后世科举考试中明经科的主要版本和解释依据。

在儒经文献统一的基础上，到了中唐，韩愈、李翱对儒家思想统系进行整理，吸收融汇佛学、道家的思辨方式，提出了儒家"道统"说，并对思孟学派一脉的仁政学说和心性学说进行了新的发掘，为宋代理学的诞生奠定了基础。柳宗元、刘禹锡则更多地融汇古代的思想资源，以儒学为主，继承发挥了从屈原、王充到玄、佛等各种理论，使哲学、文学、社会紧密结合，丰富和深化了儒学之道。

唐代儒学发展到中叶，就不再限于仅仅对经典的整理和文献的阐释，而是试图对儒学思想做出深度发挥。加之佛教的广泛传播，佛学的思想方法和统系观念也对儒学提出了挑战。在思想方法上，佛学以佛性论来替代儒家的修养学说；在统系观念上，佛学以祖统论来树立其正统地位。

所谓佛性，本来是指本体或本质，佛经中所说的"真如""实相""法性"等，都是佛性的不同表述。佛教在中国的传播过程中，吸取儒学中的心性概念，把外部世界的佛性和精神修养的心性结合起来，把"人皆可以为尧舜"的儒家性善观转化为"人人皆可成佛"的佛性论，甚至主张一阐提人（即断绝善根之人）都能成佛，使儒家的心性说反而成为佛性的铺垫。另外，佛学中的唯心思辨方法也对儒家的经验理性形成了冲击。所谓祖统，是指佛教中的传承关系。尤其是禅宗，构建了从达摩到慧能的中国禅宗六祖统系，后由神会编造出一个达摩之前的西国八代说，到中唐僧人智炬写的《宝林传》，则以慧能的传法基地韶州曹溪宝林寺为名，构建了一个由迦叶、阿难到达摩的二十八代说。这种祖统说在唐代已经颇有影响，对增强佛教的权威性具有重大作用。在佛性论和祖统论的挑战下，儒学（如韩愈和李翱等）开始吸取新的思辨方法，对"道""理""性""情"等重要概念进行探析，提出了儒家"道统说"，开了后代理学的先声。

韩愈认为，儒家思想的发展演变有一个具体的传授谱系，即"尧以是传之舜，舜以是传之禹，禹以是传之汤，汤以是传之文、武、周公，文、武、周公传之孔子，孔子传之孟轲。轲之死，不得其传焉"。这个体系集中表达了儒学的正统意识，在观念上把政治与学术融为一体。这个谱系中的"尧、舜、禹、汤、文、武、周公"，从孔子开始到后代儒者都非常推崇，但是韩愈以前的儒者都是把这些先圣明君作为治国的典范，而没有将其列入思想的宗师。韩愈则首次把君主与孔孟在学术传承上衔接起来，完成了政治家与思想家的统一。

　　韩愈在思想文化上的另一贡献，是倡导古文运动，并以此奠定了他在文学史上的地位。在一定意义上，韩愈在文学领域比在思想领域更出名。古文是指先秦至两汉的散文，文体自由，以散行单句为主，行文灵活，表达随意。魏晋以降，在汉代赋体基础上形成了骈文，讲究对偶、声律、典故和辞藻，华而不实。所谓古文运动，就是变革汉魏六朝以来的骈体文，以恢复先秦散文为号召，进行文体改革。

韩愈提倡古文的思想内涵是"文以载道"，即以古文来振兴儒学，弘扬道统。

以上我对唐代做了一些介绍，由此，读者朋友们会更好地理解为什么要编辑出版《开放的大唐》丛书。从历史中吸取经验、教训，有助于我们今天实现民族伟大复兴的理想。历史不能隔断，了解历史的目的是更好地理解我们的今天和明天。

张岂之

（西北大学名誉校长，中国思想文化史专家）

2017 年 3 月 28 日

序二

大唐盛世的辉煌历史

众所周知，唐代是我国古代历史上最为辉煌的一个历史时期，同时也是一个大转型的历史时期。被日本学者誉为"世界帝国"的隋唐王朝，在政治、经济、文化、军事等方面均创造出了辉煌的成就，无论是对外文化交流方面，还是制度文明方面，均走在了当时世界的前列。对于这一历史时期的研究，中外学术界十分重视，从不同的角度进行了深入的研究与探讨，取得了丰硕的成果，但是这些成果多为学术论著，不适合广大读者阅读，也就是说受众面比较狭窄，不能有效地发挥以史为鉴、以史资政的作用。

1300 多年前，唐玄宗即位后，改年号为"开元"，从此奏响了史称"开元盛世"这一大唐最强音的序曲。他先后任用姚崇、宋璟、张嘉贞、张九龄、韩休等人为相，对政治、经济、军事和文化等进行一系列改革，使唐王朝走上了盛世之路，这一系列的创举，也对如今实现中华民族伟大复兴的中国梦具有重要意义。

2014 年 10 月 13 日，中共中央政治局第十八次集体学习时，习近平主席强调，要牢记历史经验、历史教训、历史警示，为推进国家治理能力现代化提供有益借鉴。对绵延5000 多年的中华文明，我们应该多一份尊重，多一份思考。

为了弥补专业学术论著的不足，为广大读者提供一套反映大唐历史文化以及时代风貌的图书，西安曲江新区党工委书记李元同志组织专家学者编撰了这套《开放的大唐》系列丛书，用通俗易懂的叙事语言，生动形象地讲述了有关大唐时代最美中国的精彩故事。这套丛书共计 6 册，平均每册 10 万字左右，各配有精美图片百余幅，努力做到图文并茂，这是此书的第一个特点。为了适应广大读者的阅读习惯，整套丛书努力做到文字简洁，流畅自然，可读性强，这是此书的第二个特点。丛书的编撰者大都是来自在陕高校和文博部门的专家学者，根据其学术专长，分别负责一册书的撰写，因此，内容丰富、知识科学、深入浅出，是此书的第三个特点。

这套丛书围绕"开放的大唐"这一主题，从政治、经济、外交、文化、生活、名城六个角度，分册讲述大唐文化，每册书的基本内容与特点如下：

《海晏河清——政治篇》，分为4章23节，对唐朝的主要制度与政治、军事活动进行了简明扼要的介绍。具体内容：政治制度，包括职官、地方行政、羁縻府州、科举、铨选、司法、考课、监察等制度；政治风云，包括贞观之治、武周革命、开元盛世、安史之乱、宪宗中兴、宦官专权、牛李党争、藩镇割据、黄巢起义等；军事制度，包括府兵制、募兵制、禁军制度、藩镇军制等；军事活动，包括北平突厥、开拓西域、东征高丽、南抚诸族等。

《仓丰廪实——经济篇》，分为5章20节，内容包括农业经济、手工业经济、商业经济、金融经济、对外贸易等许多方面。其中也包括许多经济方面的制度，如均田制、租庸调制、两税法、仓廪制度、市场管理制度等，对人口增减、水利兴修、耕地面积、粮食产量以及物价等情况，均有简要的介绍。在撰写手工业生产时，还将唐代的著名产品进行了介绍。对于中外经济交流的盛况，也有详细的介绍，不仅论述了唐朝的外贸方式，而且还分析了这种交流对促进各国经济繁荣发展的积极意义。

《万国来朝——外交篇》，共计4章14节，分初唐、盛唐、中唐、晚唐四个阶段介绍了有唐一代的外交政策及其变化情况。除了简明地介绍与唐朝交往的外国情况外，还对贡封体制下民族关系的变化以及在经济文化交流中所取得的成就进行了客观的评述。尤为可贵的是，作者还以"大唐帝国的启示"为标题，从唐代的夷狄观、包容性、开放性等三个方面评述了唐朝外交政策的特点。

《气象万千——文化篇》，分为 6 章 24 节，全面系统地介绍了唐朝所取得的光辉灿烂的文化成就，内容包括儒学、教育、史学、诗歌、传奇小说、变文、书法、绘画、乐舞、科技、宗教等方面。不仅介绍了这些方面所取得的成就，而且对其特点、风格的变化，以及中外文化交流的情况等，都有详尽的评述。对唐文化在中国文化史上的地位以及对世界文化发展的贡献，也有客观的评价。

《盛世繁华——名城篇》，共分 6 章 12 节，主要介绍了唐代几个最著名的城市，包括长安、洛阳、扬州、成都等的城市布局、坊市、建筑、景区、名人宅居等方面的情况。除了以上方面外，对每座城市的发展史以及建筑特点也有详尽的介绍。尤为可贵的是，此书还对这些名城对中国城市与世界其他城市的规划与建设方面的影响，进行了简要的介绍，充分反映了唐代在城市建设与规划方面所达到的高度与水平。

《物阜民丰——生活篇》，共分 6 章 21 节，主要内容包括服饰、化妆、织染工艺、食品、城市与乡里、住宅、道路、交通工具、馆驿、行旅风俗、节俗、娱乐等方面，全方位地反映了有唐一代各个社会阶层的生活状态，是这一历史时期人们日常生活状况的真实反映。阅读此书，不仅可以增长知识，扩大见闻，而且可以了解我国古代鼎盛时期所创造的物质文明和精神文明的全部情况，增强历史自豪感，增强文化自信。

中华文明源远流长，有关中国历史文化的论著汗牛充栋，然而目前专门以中国古代社会生活史为着眼点，尤其是系统讲述唐代社会生活的论著并不多，因此此书还具有一定的学术研究价值，对史学界传承中国传统文化，以文化人、以史资政意义重大。

这套丛书的编写与出版是一种全新的尝试，目的就在于为读者提供一套简明扼要、图文并茂、既具有科学性又具有趣味性的历史通俗读物，把学术界的研究成果从象牙塔里转移出来，使其更好地为社会生活服务，在盛唐的文字气韵中为读者讲好中国故事。当然，如果非专业的普通读者能够直接阅读学术性论著，那是最好不过的了，但是这得有一个前提条件，就是学术界产出的成果必须做到雅俗共赏，而这一点不仅国内学术界很难完全做到，即使在国外也是不多见的。在这种情况下，这套丛书的做法就不失为一种较好的方式，即着眼于"开放的大唐"这一主题，用通俗的写法讲述生活在唐代的文化样貌。这样做的效果到底如何还要经过实践的检验，也就是能够获得广大读者认可，这一点也是这套丛书编撰者所期望的。

杜文玉

（唐史学会副会长，陕西师范大学唐史研究专家）

2016 年 11 月 3 日

目录

第三章 繁荣的文学

第五章 科技与数术

第一章

儒学与教育

第一节　儒学的发展

一、整理儒家经典的成就

对于传统的儒学，唐代继承了隋代统一南学、北学的成果，积极扶持、设立各级学校，征召名儒以为学官。其中隋代的最高学府国子监由国子监祭酒、司业、丞、主簿等掌管，负责儒学训导。祭酒、博士讲论经义，赐以束帛，监生能通一经者，就可委以吏事。同时，扩大国子监，增修学舍1200间，三学增加生员。一时之间，读书、藏书蔚然成风，相关机构广备图籍，集贤院、乾元殿汇聚群书至六万余卷。

唐初五经诸本并行，传习讹谬渐多，文本多有舛异，对经文的注解也存在很大分歧。针对诸经原文文字不同而

颜师古像

引起的注疏混乱，贞观四年（630），太宗令颜师古于秘书省考定五经，专门校订经书的原文，以方便科考试经。颜师古比较了《周易》、《尚书》、《诗经》、《礼记》和《左传》的各种版本，定以南学中流行的本子，多所厘正，撰成《五经定本》。既成之后，又令诸儒重加详议。结果诸儒因传习已久，都提出非议。颜师古征引晋、宋以来版本，随言晓答，援据详明，出其意表，诸儒莫不叹服。随后将所定之书推行颁布。

针对自汉代以来经学家们对诸经所作注疏中存在的问题，师出多门，章句繁杂，朝廷令孔颖达与颜师古、司马才章、王恭、王琰等儒生撰定《五经》义训180卷，名曰《五经正义》，令天下传习。在编撰中采用"疏不破注"的原则，疏解一般多就原注详加汇释，不会突破原书的范围，目的是维护经典的权威性，也是适应唐朝统一思想的社会趋势。从此《五经正义》便成了官方标准本，科举考试、儒生治经都必须以此为准，《五经正义》取得了官定经本的地位。这样，东汉以来诸家解说归于一家，经学的南北之争、宗派之争便偃旗息鼓了。清代学者认为《五经正义》对儒学的影响与汉武帝罢黜百家、独尊儒术同样重大。因为汉代独尊儒术只是把其他学派压了下去，而儒学内部尚未统一，治儒经者分门授徒，各自解说，孔颖达的《五经正义》则首次统一了经学内部各派。

隋唐时期是经学发展由汉学向宋学过渡的重要阶段。颜师古的《五经定本》解决了经书原文舛异的问题，避免了因原文文字不同引起的注疏混乱，成为孔颖达《五经正义》的基础。孔颖达的《五经正义》更清理和总结了东汉以来经学成就，而这些工作都是在长安完成的，颜师古的《定本》在秘书省中成书，孔颖达的《正义》是在他任国子祭酒时的成就，从这种意义上讲，它们显然应是长安对于唐朝儒学的贡献。

唐代贾公彦《周礼义疏》《仪礼义疏》以及杨士勋《春秋谷梁传注疏》和徐彦《公羊传疏》等与孔颖达的《五经正义》合称"九经正义"。实际九经注疏在唐中叶已经大体完成了，这些都是当时经学清理、总结的成果。

唐玄宗还有御注《孝经》之举。开元十年（722），玄宗亲注《孝经》，由元行冲作序及疏，颁行天下及国子学。到天宝二年（743）又重注，并亲自作序，颁于全国。次年，诏天下民间家藏一本。天宝四载，又亲题刻石立于太学，此石乃现藏于西安碑林博物馆之《石台孝经》。以皇帝之尊多次注疏的结果是将《孝经》的地位推到异乎寻常的高度。现今所通行之《孝经注疏》多为其产物。有学者认为唐玄宗初注《孝经》体现出礼法制度更新和建设的作用，二注《孝经》更多地体现出思想文化上统一和延续的作用，三注《孝经》则是融合三教、强调心旨的含义。

唐王朝在统一思想学术方面的另一举措是刊刻《开成石经》。魏晋至唐初，汉字字体急剧变化，篆书、隶书、楷书等字体递相为用，且又可通行，造成了异体字逐渐增多、社会用字极不规范的状况。在北魏时就已出现"文字改变，篆形谬错，隶体失真，难以厘改"的混乱局面。这种情形至唐代更为严重，虽然有《五经正义》等权威经典，但是由于缺少统一规范的字书，正字、俗字通用的情形极为普遍，甚至在科举考试中也屡有用字混乱的现象出现。《封氏闻见记》卷二"石经"条载："开元以来，省司将试举人，皆先纳所习之本，文字差互，辄以习本为定。义或可通，虽与官本不合，上司务于收奖即放过。"可见，字体的混乱不仅使经典文本失去了统一的规范，还直接影响到科举考试的公正性和权威性。

天宝年间，诏儒官校订经本，送尚书省并国子司业张参共相验考。后来张参撰定《五经文字》，书于太学讲堂墙壁之上，习经者就其取正。又颁《五经文字》于天下。唐人刘禹锡有《国学新修五经壁本记》叙述国学改善五经书写条件的经过，最初是名儒张参为国子司业，将五经书于论堂东西厢的墙壁之上。但过了60年，就出现崩剥污损的情况。后来重新刻写，为解决土墙易剥泐的问题，乃排列坚木板壁，刻写其上。其制如版牍而高广，其平如粉泽而洁滑。背施阴关，使众如一。附离之际，无迹可寻。可知为方便学子习读，这种办法很快就由京师而风行天下，一时各地都争相效仿。

不仅如此，为改善就学条件，唐政府甚至将经本逐本刻石。唐文宗时，重视习经治学，宰臣判国子祭酒郑覃奏置五经博士，又进《石壁九经》160 卷，遂仿照东汉创立石经。起初拟将五经增至九经，令周墀、崔球等校订九经文字，其成果为《石壁九经》160 卷，旋令上石。但最后刻成的石经是十二经，不限于九经。敕于国子监讲论堂两廊，创立《石壁九经》，并《孝经》《论语》《尔雅》，共 159 卷，《字样》40 卷。可知，所刻石经并未限于《石壁九经》，而是十二经加《字样》的组合，卷数达到 199 卷。为改进写经习读条件，唐人可谓不遗余力，不仅扩大经典书壁的范围，由五经、九经到十二经，也不断改善书写材质，由泥质墙壁到木质板壁，再到刻经于石碑，无不彰显唐人兴学重儒之决心。

自大和七年到开成二年（833—837），石经终于刻成且立于国子监。之所以历时五年之久，原因在于：一是程序复杂。此项工作由国子监郑覃提出建议，经周墀、崔球、张次宗、孔温业等校订文字。二是由于刻写不易。翰林待诏唐玄度覆定石经字体，国子司业杨敬之专知勘定经书和勘勒上石，率更令韩泉充详定石经官于集贤院审校。由艾

居晦、陈玠、段绛等人用楷书分写经籍于石，柏룹、陈庄士校勘。三是规模庞大。《开成石经》的内容包括《周易》9卷写于9石，《尚书》13卷写成10石，《毛诗》20卷写成16石，《周礼》12卷写成17石，《仪礼》17卷写成20石，《礼记》20卷写成33石，《春秋左氏传》30卷67石，《公羊传》12卷17石，《谷梁传》12卷16石，《孝经》1卷1石，《论语》10卷7石，《尔雅》3卷5石，《字样》40卷10石，形成12部儒家经典和《五经文字》、《九经字样》约200卷、65万余字的规模，刻在114块石碑的正反两面。四是争议大。石经刻成后，就有儒者提出非议，甚至有名儒数十年不窥之说。

总而言之，《开成石经》的刊刻，以正字为形式，实是当时统治集团对于重振日趋衰微的经学所进行的一次尝试。安史之乱后，儒学的统治地位严重动摇，唐文宗希望在复兴儒学方面有所建树，并显示出了相当大的决心与力度，甚至一度打破进士科考试中诗赋取士的传统，对于重儒学之士更是偏爱有加。《开成石经》的刊刻正是在复兴儒学的导向下进行的，虽然这一举措本身并未对儒学复兴

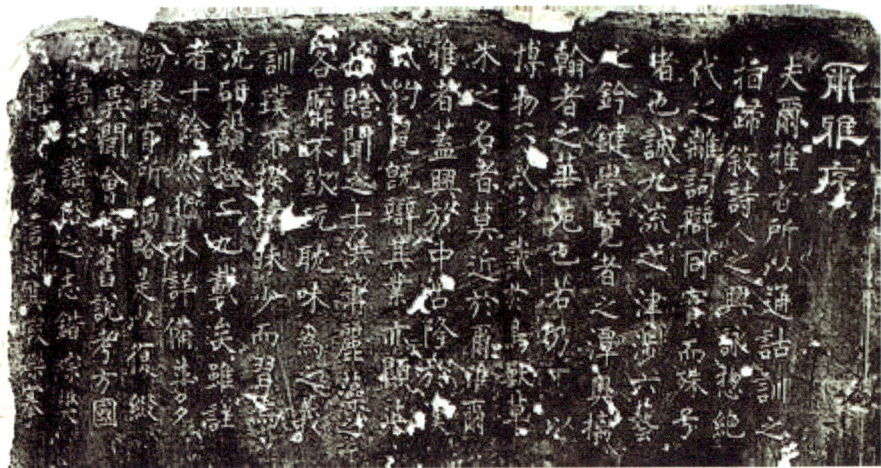

《开成石经·尔雅》拓片

产生巨大影响。《开成石经》的刊刻树立了儒学经典的标准范本，使经学的规范性进一步加强，同时，对于社会用字的规范化也有很好的导向作用。

二、韩愈、李翱与唐后期儒学

中唐以后，经学家不再坚持东汉以来的诸家注疏，而是自己重新解释经文，以此来表达自己的思想主张。这与玄宗后期啖助、赵匡和陆淳之《春秋》学派的治经新风气之推波助澜相关。他们三人在《春秋》三传研治过程中，坚持明王道之原则，一改孔颖达以来重《左传》、轻《谷梁》《公羊》之传统，认为《左传》叙事首尾完善，但在解经方面不如"谷梁意深，公羊辞辨"，还主张《春秋》

是正确的，错漏全由三传造成，所以在三传的解释都不符合原意时便丢开三传，自己另作解释。从他们开始，治《春秋》者不再拘泥于三传，更不拘守于左氏一家，从而脱离了汉学的传统治学方法，渐渐走上了注重义理思辨的路子。

中唐以后儒学的代表人物是韩愈和李翱等人。韩愈学说的核心是道统论，"道"指儒家的正统学说，"统"是这种学说的师承传继关系。韩愈在《原道》一文中详细叙述了道的起源、内容和传继，认为道发端于尧，"尧以是传之舜，舜以是传之禹，禹以是传之汤，汤以是传之文、武、周公，文、武、周公传之孔子，孔子传之孟轲，轲之死，不得其传焉"。孔子之后只有孟子是正宗，孟子之后都不得其真传，到韩愈才又续接上，不提汉儒就是对汉以来经学的否定，开了宋儒突出孔孟的先河。所以韩愈自认为其使命便是师道、传道、卫道。韩愈利用《大学》来阐明其说："古之欲明明德于天下者，先治其国；欲治其国者，先齐其家；欲齐其家者，先修其身；欲修其身者，先正其心；欲正其心者，先诚其意。"特别强调正心诚意。他也吸收了一些佛教禅宗直指人心、见性成佛之旨趣，把抽象之心性与具体的社会组织加以融会贯通。

在具体传道方面，韩愈倡行了两点：一是人性论，亦称性情说。他发展了孟子的性三品说，认为性的善恶在于性中所含仁及义、礼、智、信的多少。情也分为三品，是性的外化，控制得当为上，有过有不及为中，控制不当为下。性三品和情三品实际是讲节制欲望的问题，而节制得如何又要靠教化，教化的目的在于使性情合乎仁义道德、合乎道。二是反佛抑道说，强调继承正统的孔孟之道必须反对佛道异端思想，认为道之所以自孟子之后不传，开始是因为杨朱、墨翟学说盛行，后来主要是由于佛教、道教的泛滥。信佛崇道的人把儒学与佛道混淆了。韩愈极力反佛，正是为了维护和恢复儒家道统的本来面目。无怪乎苏东坡在《潮州韩文公庙碑》中称赞韩愈说："文起八代之衰，而道济天下之溺。"韩愈的代表作有《原道》、《原性》、《原人》、《原鬼》和《谏迎佛骨表》，均收在《韩昌黎集》中。

李翱是韩愈的学生，著有《李文公集》，他与乃师一样强调道统，并同样以传继道统为己任。最能代表其个人思想主张的是复性论，即性善情恶说，尤其是复性的方法——至诚正思。复性即恢复人的纯正本性，是在韩愈性三品说基础上发挥而成的。李翱认为性是人得之于天、与生俱来的，都是善的；情是后来在待人接物中产生的，是后天形成的，有善有恶。一个人能不为情欲所诱惑，发挥了人先天的善性，便是圣人；被情欲所引诱蒙蔽，但能恢复到先天纯善的本性中去，这便是复性。复性的方法是格物致知和至诚正思，不受情欲的诱惑为至诚，进而达到对不善的情欲想也不想的程度为正思。人人都有性和情，都可以通过至诚正思恢复善的本性；恢复了善良本性，便合乎了道德规范，也便从自身继承了道统。李翱和韩愈推崇《论语》《孟子》，还特别重视《礼记》中的《大学》和《中庸》两篇，到了宋明，儒家把此四种书尊为"四书"，就是韩愈、李翱之道统思想影响后世的证明。

　　韩愈和李翱的儒学思想与隋唐时期经学的发展趋势是一致的，并且成为隋唐经学发展的重要阶段和不可或缺的内容。啖助、赵匡和陆淳公开摒弃东汉以来经学家的注释，自己解经，实际上是要结束汉学。韩愈和李翱明确指出儒家道统自孟子之后已中断失传，也否定了东汉以来诸儒的学说，要自己解释"载道"的儒家经典原文。但总结和终结汉学的任务到唉助时期已经基本完成，唐后期韩愈和李翱所面临的是如何创立儒学新体系、开启儒学新时代的问题。通过隋唐时期几代经学家尤其是韩愈、李翱的努力，给经学增添了一些新内容，让波澜不惊的唐代经学泛起涟漪，也让长安儒学进入到转折点后低开高走，完成了从汉学到宋学转变的准备工作。

除了韩愈、李翱为中唐以后的学术带来光明外，柳宗元、刘禹锡等人也为此时期儒学增光添彩。柳宗元的思想集中于《天说》《天对》《答刘禹锡天论书》《非国语》《时令论》《封建论》等篇，都收在《柳河东集》中。在其《封建论》中，他认为秦时"有叛人而无叛吏"，汉时"有叛国而无叛郡"，唐朝"有叛将而无叛州"，州郡之制优于封建之制，"今国家尽制郡邑，连置守宰，其不可变也固矣"。不能重走封建之路，罢侯置守、实行州郡制是"势使之然"。他的思想主要有几个方面：一是反对天命论，认为不存在一种神秘的至高无上的能够支配人们命运的天。

天地万物的运动变化，是元气自动自休、自峙自流的结果。二是天人不相预说。在天人关系上，柳宗元认为天与人各不相干涉，主张重视人事而不空谈天命鬼神，批判鬼神迷信观。他说："力足者取乎人，力不足者取乎神，所谓足，足乎道之谓也。"认为人们迷信鬼神是力量虚弱的表现，如果人们掌握了道，使人力足以支配自然，就不会相信鬼神了。三是"势"在必行说。在社会发展和政治体制演进上，柳宗元主张顺应客观的形势，反对保守和倒退，提出注重势和顺应势的理论。柳宗元也是唐代古文运动的健将，与韩愈合称"韩柳"。他不仅写出了《捕蛇者说》《童区寄传》《种树郭橐驼传》《蝜蝂传》《梓人传》等一批现实主义作品，还完成了一批优美清新的山水游记，如《永州八记》《石渠记》《至小丘西小石潭记》《柳州东亭记》《游黄溪记》等作品，善于将自己的生活遭际和悲愤之情融入山水之中，使山水人格化、感情化，构思奇巧，语言明丽，成为古典散文创作的范本。

对于唐后期天命论和有神论分析最为深刻的唐代思想家是刘禹锡。刘禹锡，字梦得，先由进士科出身，又登宏辞科。早年因善诗多文而深得时誉，参加顺宗朝改革，失败后被称为"二王八司马"之一，坐贬连州、朗州。在政治上并不如意的刘禹锡，不仅在文学诗歌方面成就卓著，在思考天人关系上也有独到见解。他在《天论》中说："法大行，则是为公是，非为公非。天下之人，蹈道必赏，违之必罚。"在此情况下，祸福取决于人的行为之善恶，和天没有关系；而"法大弛，则是非易位，赏恒在佞而罚恒在直，义不足以制其强，刑不足以胜其非"。这时人们对不合理的现象无法解释，只好归之于天。于是乎，"生乎治者，人道明，咸知其所自，故德与怨不归乎天。生乎乱者，人道昧，不可知，故由人者举归乎天，非天预乎人尔"。刘禹锡通过对天的探讨，提出了几种观点，否定神秘的天。他注意到"天之能，人固不能也；人之能，天亦有所不能也"，进而主张："天之所能者，生万物也；人之所能者，治万物也。"由此推出他的天人观，即天与人交相胜。他说："是非存焉，虽在野，人理胜也；是非亡焉，虽在邦，天理胜也。"天理与人理不仅借助是与非而显现，也有数和势，"夫物之合并，必有数存乎其间焉。

数存，然后势形乎其间焉。"数存而势生，故"万物之所以为无穷者，交相胜而已矣，还相用而已矣"。用他所在时代最前卫的理论思考论述了刘氏天人观，即天与人交相胜、还相用，甚至于把他的理论从有形世界向无形世界延伸，"为体也不妨乎物，而为用也恒资乎有，必依于物而后形焉"。他非常敏锐地意识到："以目而视，得形之粗者也；以智而视，得形之微者也。"辩证地提出万物可分出有形和无形、宏观和微观，且宏观世界的道理也适合于微观世界。刘氏超前的思辨和理论为他在唐代思想界确立了独特的地位，用独特的路径阐明了他对天人关系的看法，其朴素思想带有辩证的因素，是古人探讨天道观的新境界。

第二节　学校与教育

隋唐时期，选拔人才的标准较之前发生了变化，旧时的世官制、察举辟召、九品中正等选举（官）制度，为科举制度取而代之，社会也随之进入到科举时代。作为全国政治中枢的长安，不仅是国际性经济都会，也是世界性文化教育中心。长安吸引着来自天南地北的莘莘学子，既有本土举子的负笈上都，也有域外学者的越海求学。长安教育文化也是构成隋唐社会文明的重要元素。

一、中央六学

科举制度的形成和确立，不仅改变了选官制度，也影响了教育制度。当时四面八方之儒士，抱负典籍，云会京师。无数社会精英梦想来到长安学习知识、展示才华，长安就成为实现其人生理想的用武之地，唐人沈既济说："招天下之人聚于京师，春还秋往，乌聚云合。" 李浩在《唐代关中士族与文学》中认为兴学崇儒之风成为长安文学士族取得优势地位的资本。这种学风进而由两京向四方辐射。隋唐统治者努力偃武修文，随着科举考试的定期举行，天下以文学选贤、以诗赋取士成为制度，"五尺童子，耻不言文墨焉。是以进士为士林华选，四方观听，希其风采。每岁得第之人，不浃辰而周闻天下"。社会尊崇文化教育，教育以通过科举为准的，科举以长安和洛阳两都为中心，

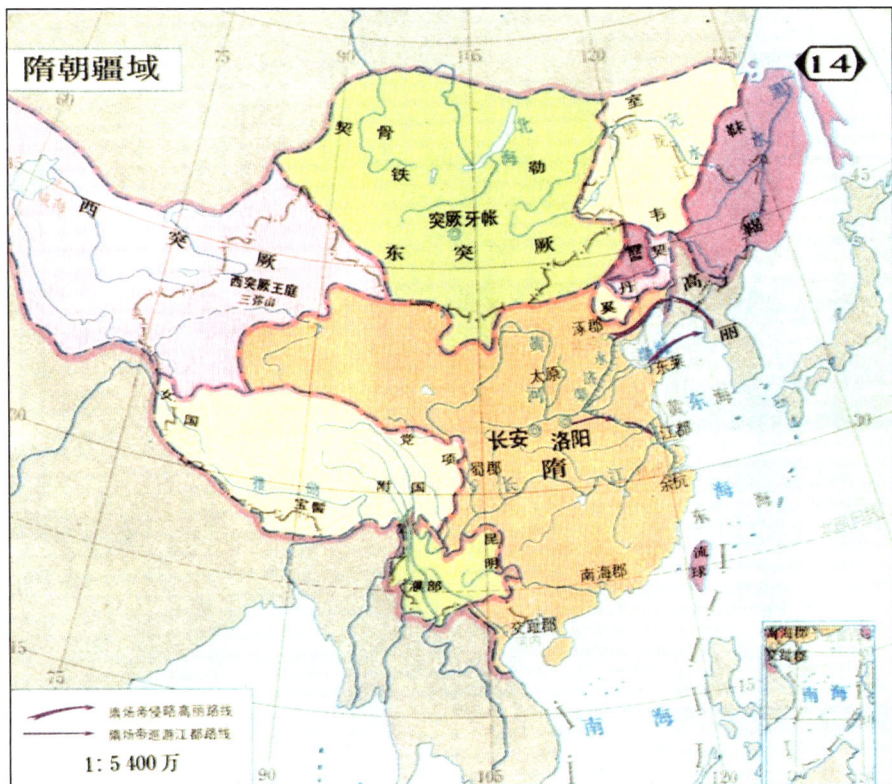

隋代疆域图

必然引起社会对都城官学、私学教育的向往。

唐代长安设六学二馆。六学指国子学、太学、四门学、律学、书学、算学，都隶属于国子监来管理，其前身是隋代国子寺所管的国子、太学、四门、书算学。也有将"广文"列入，提出七学之说。不管是六学还是七学，按傅璇琮的划分，可分成两类：综合教育和专门教育。属于专门教育的有书学、算学、律学，讲授与各科专业有关的知识；属于综合教育的有国子学、太学、四门学，学习儒家经典。国子学、太学、四门学的差别不在于学业程度的深浅，而是国子学学生的家庭出身比太学学生高，太学学生的家庭出身比四门学学生高。这也决定了国子学地位比太学高，太学的地位比四门学高。如果优秀学生期满愿意继续学习，其程序是四门学生补太学，太学生补国子学，从中可见三者地位的差别。但如果从培养学生规模来看，级别高的国子学培养人数最少，只有300人；其次是太学，招收500人；三者中培养学生最多的却是级别最低的四门学，招收1300人，其中500人要求有出身，800人以庶人之俊异者为之。这只是基本定型后的长安官学规模，实际上，隋唐之际京城官学的办学规模多有变化。

隋初设在大兴城的中央官学培养学生近千人，据《隋书》卷二八《百官志下》"国子寺"条记："国子一百四十人，太学、四门各三百六十人，书四十人，算八十人。"合计980人。隋文帝晚年曾有废罢学校的措置，仁寿元年（601），下诏唯存国子一所，学生72人，太学、四门学及州县学并废。之后，改国子为太学。

隋炀帝即位后，重新恢复学校，不仅将文帝废罢的学校恢复建制，而且在办学规模上较大业年间似乎有所扩大，有"国子、郡县之学，盛于开皇之初"的说法，至少太学由原来的360人增加到500人。可以认为隋炀帝在位时隋代官学规模一度超过开皇时期的千人以上。

唐初，长安官学在经过隋末重创后再次恢复，但规模并不大。唐高祖于义宁二年五月，初令国子学置生72员，取三品以上子孙；太学置生140员，取五品以上子孙；四门学生130员，取七品以上子孙。合计生员才342人，又有出身门第的限制。随后，唐政府放宽入学条件，黎民百姓子弟也凭学艺入学。唐太宗贞观时期，京城学校规模迅速发展，唐太宗虽驰骋沙场，但很重视兴学崇儒，他多次临幸国学，扩大增修京城国学校舍1200间，国子学、太学、四门学增置生员，提高学官待遇，书学、算学也各置博士以教授专门知识，以备众艺，甚至于屯营飞骑之类士卒武人也设置博士，授以经业。一时之间，京城官学学生达到3260人。于是乎四方儒生负书而至者，数以千计，甚至于高丽、百济、新罗、高昌、吐蕃诸国酋长争相上疏，亦遣子弟请入于国学。于是国学之内，鼓箧升讲筵者，几至万人，国学自汉代以来又一次得到大发展。

综上所述，唐太宗贞观年间非常重视学校教育，国子诸学增修学舍1200余间，学生增加到3260员。如果再加上各族子弟入长安者，京师学生达8000余人，较隋代近千人之规模扩大了近8倍，较高祖武德年间的342人之规模扩大了将近24倍之多。但《旧唐书》言："儒学之盛，古昔未之有也。"《新唐书》言："虽三代之盛，所未闻也。"则有点言过其实了。因为唐贞观时区区八千之数根本无法与汉代太学生三万相比，故上引两唐书所言有所夸大。唐代京城国学也有自己的特点，不仅有本土学子的负笈京师，也有周边政权子弟请入国学，且学制外的外番学生一度达到相当多的人数。如京师生徒8000余人中，除3260人为国学编制，其余4740余人的情况虽不得而知，毕竟与入学京师的各族子弟有一定的关系。

唐高宗、武后时期，政教渐衰，薄于儒术，尤重文史，主持国学的长官国子祭酒多由诸王及驸马都尉担任，

北

至渭河

永安渠

光化门　景耀门　芳林门

玄武门　安礼门　兴安门　建福门　望仙门

含光殿

右银台门　左银台门

太液池

大明宫

含元殿　龙首池

小儿坊

西内苑

重玄门

玄武门

太极宫

东宫

十六宅（永福坊）

修真　安定　修德　掖庭宫　　　光宅　翊善　长乐

普宁　休祥　辅兴　　　　　　永昌　来庭　大宁　兴宁

开远门

义宁　金城　颁政　内侍省　广运门　长乐门　嘉福门　永兴　安兴　永嘉

居德　醴泉　布政　安福门　承天门　延喜门　崇仁　胜业　兴庆宫

皇城

含光门　朱雀门　安上门　　　龙池　勤政务本楼

通化门

群贤　西市　延寿　太平　光禄　兴道　务本　平康　东市　道政

怀德　　　光德　通义　通化　开化　崇义　宣阳　　　常乐

崇化　怀远　延康　兴化　丰乐　安仁　长兴　亲仁　安邑　靖恭　春明门

丰邑　长寿　崇贤　崇德　安业　光福　永乐　永宁　宣平　新昌　青龙寺

延平门

待贤　嘉会　延福　怀贞　崇业　靖善　靖安　永崇　升平　开道

永和　永平　永安　宣义　大安　兰陵　安善　昭国　修行　立政

常安　通轨　敦义　丰安　道德　开明　大业　晋昌　修政　敦化

延兴门

和平　归义　大通　昌明　光行　保宁　昌乐　通善　青龙　（缺名）

永阳　昭行　大安　安乐　延祚　安义　安德　通济　曲池　芙蓉园

永安渠　安化门　明德门　启夏门　圜丘　先农坛　曲江池

清明渠　黄渠

0　　1公里

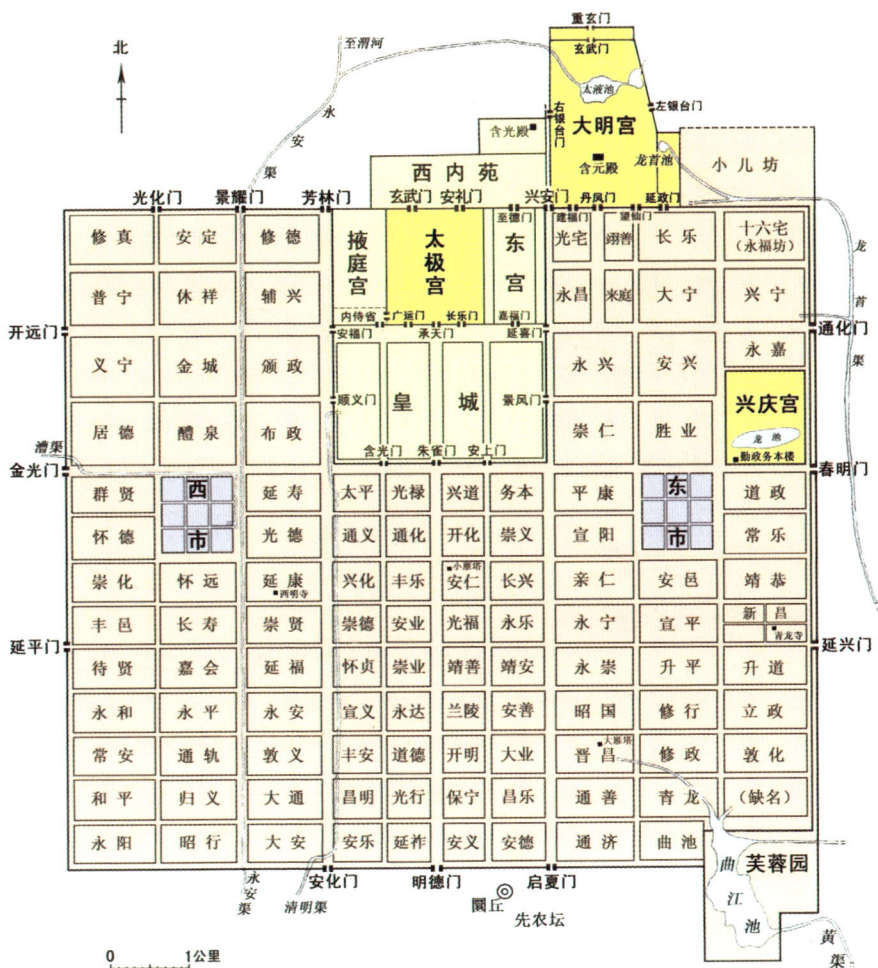

唐长安城平面图

《旧唐书·儒学上》记当时"二十年间，学校顿时隳废矣"。高宗朝因为长安年饥，国子学生全部放归，时人为之语曰："左相宣威沙漠，右相驰誉丹青。三馆学生放散，五台令史明经。"三馆生徒放散，儒学不受重视。唐人韦嗣立针对学校颓废的情况上疏，提及唐朝自永淳以来的二十余载，国学废散，当时社会轻视儒学之官，章句之选应者寥寥。武周光宅二年（685），陈子昂也上疏道："国家太学之废，积岁月矣。学堂芜秽，殆无人踪，诗书礼乐，罕闻习者。"陈子昂看到的太学是殆无人踪、学堂荒芜，与此前数千人就学之盛况形成极大的反差。

到开元、天宝时期，经过唐玄宗君臣的努力，长安官学走出高宗、武后时的低谷。开元二十一年（733）诏："诸州县学生年二十五已下八品九品子，弱庶人生年二十一已下，通一经已上及未通经，精神通悟，有文辞史学者，每年铨量举选，所司简试，听入四门学充俊士。即诸色人省试不第，情愿入学者，听。"这不仅扩大了京城官学的选拔途径，还降低了入学条件。与此同时，也确定了中央官学的名额，因为天宝以前，各馆学生的数量都有员额。其规模在杜佑《通典》中记载颇详，他说："国子学，学生三百人；太学，学生五百人；俊士八百人。律学，学生五十人；书学，学生三十人；算学，学生三十人。凡六学生徒二千二百一十人，每学各置博士，以总学事，及有助教等员。天宝九载，又于国子监置广文馆，领学生为进士业者。"杜氏在《选举典》自注："国子、太学、四门、律、书、算凡二千二百一十员。"实际上，2210之数只是六学员额，并未将天宝九载所增设的广文馆生员计算在内，故天宝九载之后，长安官学还要多于此数，但因为广文馆当时的员额不明确，所以难以准确统计。

安史之乱后，长安官学又经历了一次衰退。史载："然自天宝后，学校益废，生徒流散。永泰中，虽置西监生，而馆无定员。于是（元和二年）始定生员，西京国子馆生八十人，太学七十人，四门三百人，广文六十人，律馆二十人，书、算馆各十人。"长安国学总计才550人，还包括广文馆的60人在内。到大和年间，刘禹锡《国学新修五经壁本记》记长安国学师生实际人数才428人。

国子监位于长安城务本坊。《长安志》卷七《京城》务本坊条："半以西，国子监。领国子、太学、四门、律、书、算六学。"李锦绣认为唐代国子监是唯一不设于宫城、皇城内的中央机构。实际上也不够准确，司天监一度

唐代彩绘陶文官俑

也在宫城、皇城之外。设在国学西北隅的广文馆正与皇城安上门相对，《开成石经》也立在务本坊之国子监。

二馆，指隶属于门下省的弘文馆和东宫所设的崇文馆。弘文馆设于武德四年（621），最初称为修文馆，后来改名宏文馆，一度又改为昭文馆，开元七年依旧称宏文馆。所招学生人数由24人增加到38人，形成定制后以30人为员额，到大和九年（835）只有16人。其出身要求更高，或皇亲国戚，或身居要职、功臣子弟才能入学受业。宏文馆设学士教授生徒，另有直学士、详正学士、校理、直馆、雠校错误、讲经博士多人。所学内容始为书法，虞世南、欧阳询曾教示楷法，后黄门侍郎王珪奏学生于习书之暇，请置博士兼肄业，遂增加经学、史学和时务。

崇文馆隶属于东宫，初名崇贤馆，始置于贞观十三年（639），显庆元年（656）起确定招收学生20员，到唐德宗贞元后，降到15名。高宗上元二年（675），为章怀太子李贤避讳，改崇贤馆为崇文馆。崇文馆所招学生都凭资荫补充入学，要么是东宫官僚子孙，要么是高官贵胄子弟，经常出现贵胄子孙"多有不专经业，便与及第"的情况。虽然原则上二馆生徒要与国子监学生一样，学成后通过应举方得出仕，但因为其资荫全高，试取标准仅是粗通文义，在考试中降低要求，甚至还可破格录取，"以其资荫全高，试亦不拘常例"，在选拔中轻而易举地及第。京城贵势之家请补者多，因此逐渐滋生奸滥，教学质量不高。

京城官学除上提六学二馆学生以外，还有其他一些学生，如学习天文、医药、历法、卜筮等学生。杜佑《通典·选举典》记载："太史历生三十六员，天文生百五十员，太医童、针、咒诸生二百一十一员，太卜卜筮生三十员。"其生员达到427名，据《唐六典》所记还要超过此数。长安诸生有历生36人，书历生5人，天文观生90人，天文生60人，漏刻生360人，医生40人，药园生8人，针生20人，按摩生15人，咒禁生10人，卜筮生45人，总数接近700人。

唐玄宗朝还一度设立过崇玄学，后改为崇玄馆或通道学，最初置于开元二十九（741）年，学生人数是两京各置百人，共200人。中唐以后，崇玄馆学生数量因形势变化而出现波动。综合以上所论，唐代天文历生、医药生、崇玄生等各类学生人数在京城长安者，最多时可能有500到800人。

此外，长安还有一支庞大的教习乐舞队伍，多隶属于太常寺之太乐署。其太乐令掌教乐人调和钟律，"凡习乐立师以教，每岁考其师之课业"。据《新唐书》卷四八《百官志三》记："文武二舞郎一百四十人，散乐三百八十二人，仗内散乐一千人，音声人一万二十七人。"可知开元中有 11549 人在京城学习乐舞之技。即使到唐宣宗时期，仍保持着太常乐工 5000 余人、俗乐 1500 余人的庞大规模。另外，唐玄宗时增设梨园弟子。"选坐部伎子弟三百，教于梨园。声有误者，帝必觉而正之，号'皇帝梨园弟子'。宫女数百，亦为梨园弟子，居宜春北院。梨园法部，更置小部音声三十余人。"其数额也可达到数百人之多。如果把宫廷中宫人教育之内文学馆（后改名习艺馆、翰林内教坊）和内教坊考虑在内，另外再将内侍省掖庭局宫教博士"教习宫人书、算、众艺"和宫闱局博士教授"小给使学生五十人"也算上，京城长安的艺术教育规模更大。

在京城官学中从事教学的教职人员为数不少。其中，国子监诸学有专职人员负责管理和教学，这些官员分成学官和监官，《唐语林》记："每馆各有博士、助教，谓之学官。国子监有祭酒、司业、丞、簿，谓之监官。"国子祭酒、司业掌邦国儒学训导之政令，国子丞、主簿、录事等掌判国子监具体事务，而国子博士、助教分经以授业，国子直讲、典学等辅佐博士、助教进行教学。其职责正如韩愈《师说》所言："师者，所以传道授业解惑也。"二馆则各有学士、直学士、详正学士、讲经博士、校书郎、典书、直馆等职。

二、州县学

隋唐时期，地方州县也设学校，府有府学，州有州学，县有县学，甚至乡里也设学校，招收学生学习，形成一个完整的教育体系。杜佑《通典》卷十五《选举典》记："弘文、崇文馆学生五十员，国子、太学、四门、律、书、算凡二千二百一十员。州县学生六万七百一十员。两京崇玄馆学生二百员，诸州学不计。太史历生三十六员，天文生百五十员，太医童、针、咒诸生二百一十一员，太卜筮生三十员。"一度州县学生数量达到60710员，规模不小。

长安除了中央官学各机构外，还有属于京兆府辖县的地方学校、乡学。隋唐时期京兆府辖县数多有变化，大体在20县到23县之间，户数在20万到36万户之间。据宋敏求《长安志》统计，京兆府之23县共有519乡，平均每县有22.5乡之多。按唐朝盛时人口计算，每县平均约1.6

万户 8.6 万口，每乡平均0.38万口。当然长安、万年县要偏高很多。京兆府的府学、县学、乡学就是基于上述地方行政信息而办学立教。

唐高祖初入长安，下令州县学设置生员，自京师至于州县皆有数，各州、县、乡皆置学，基本确定了地

唐代李寿墓墓道西壁壁画《骑马仪卫图》

方学校的雏形，但置学之诏可能因兵荒马乱而并未收到实际效果。到武德七年（624），又诏诸州、县及乡，并令置学。为表示重视，李渊数次临幸国子学，亲临释奠，诏诸王公子弟各就学。不仅在京城设置中央官学，地方也要求

设立州学、县学、乡学以适应国内偃武修文的新形势，史载当时："上郡学置生六十员，中郡五十员，下郡四十员。上县学并四十员，中县三十员，下县二十员。"京兆府之内县的级别多为赤、畿、次赤，高于上县。都按上郡、上县之标准计算，府县学约980人，如果都能招满，即使不计乡学也接近千人。

由于缺少史料，地方州、县、乡学在之后的变化不可尽知。据《旧唐书》卷九《玄宗纪》"开元二十六年正月"条："天下州县，每乡一学，仍择师资，令其教授。"只有在各地州学、县学健全的情况下，才能每乡设立乡学，否则此诏就会变得不可理解。《通典》也记此诏，却有所不同："其天下州县，每乡之内，里别各置一学，仍择师资，令其教授。"《唐会要》也记："每乡之内，各里置一学。"唐代百户为里，五里为乡，一乡有五里，如果"里别各置一学"，就不是每乡一学，而是每乡五学左右。《资治通鉴》采取回避态度，说"令天下州、县、乡别置学。"认为州、县、乡地方学校制度逐渐形成，至于乡学是每乡一学还是每里各置一学，不置可否。

唐玄宗开元年间的规定是：京都学生 80 人，大都督府、中都督府、上州各 60 人，下都督府、中州各 50 人，下州 40 人；京县 50 人，上县 40 人，中县、中下县各 35 人，下县 20 人，各有等差。天宝年间稍有变化，规定：京都 80 员，大都督府、中都督府、上郡各 60 员，下都督府、中郡各 50 员，下郡 40 员；京县 50 员，上县 40 员，中县 30 员，下县 20 员，全国州县学生达到 60710 人，也有记为 63070 人，后者超出前者 2360 人，应该是六学二馆及崇玄馆生徒之数。

如果就关内道而言，州县学生约略可列表如下（州县等级据《新唐书》卷三七《地理志一》统计）：

州县	都督府 9 个			州府 18 个				县 135 个				
等级	大	中	下	京都	上	中	下	京县	上	中	中下	下
数目	1	4	4	1	13	2	2	2	85	26	20	2
学生(人)	60	60	50	80	60	50	40	50	40	35	35	20
小计(人)	60	240	200	80	780	100	80	100	3400	910	700	40
总计(人)	1540							5150				

根据上表统计，关内道 27 州有州学生 1540 人，135 县有县学生 5150 人，合计 6690 人，约占全部州县学生

的 11％。而京兆府 23 县约有学生 980 人，约占关内道的
14.6％，占全部州县学生的 1.6％，故认为关内道州县学生
占全国的十分之一强，京兆府占关内道十分之一强，则京
兆府占全国的百分之一强。

州县不仅有经学学生，还有医学学生。据《唐六典》
统计，京兆、河南、太原有经学学生 80 人，医学学生 20
人；大都督府经学学生 60 人，医学学生 15 人；中都督府
经学学生 60 人，医学学生 15 人；下都督府经学学生 50
人，医学学生 12 人。上州经学学生 60 人，医学学生 15
人；中州经学学生 50 人，医学学生 12 人；下州经学学生
40 人，医学学生 10 人。万年、长安、河南、洛阳、奉先、
太原、晋阳县，共计学生 50 人，京兆、河南、太原县，共
计经学学生 40 人，诸州上县学生 40 人，诸州中县学生 25
人，诸州中下县学生 25 人，诸州下县学生 20 人。诸州均
要求设立医学。经学与医学的设置在各地的情况所知不多，
幸而敦煌发现的《沙州图经》提到沙州州学、县学与医学
的建制：

州学：右在城内，在州西三百步。其学院内东厢有先

圣太师庙，堂内有素（塑）先圣及先师颜子之像。春秋二时奠祭。

县学：右在州学西，连院，其院中东厢有先圣太师庙堂，堂内有素（塑）先圣及先师颜子之像。春秋二时奠祭。

医学：右在州学院内，于北墙别构房宇安置。

沙州为下都督府，治敦煌县，在州学之西设立县学，州医学虽设在州学院内，却是另外建造房屋。这样的结构是当时的普遍模式还是仅仅沙州一州的布局，已不得而知了，但沙州学校无疑是唐朝推行州县立学政策的产物，也是了解唐代地方官学体制的重要材料。

州医学自贞观三年（629）设立，中间有20多年废置，但很快就重新恢复。其规模可与经学生数量进行比较，据上引资料列出下表：

	京畿	大都督府	中都督府	下都督府	上州	中州	下州
经济学生（人）	80	60	60	50	60	50	40
医学学生（人）	20	15	15	12	15	12	10
比例	4：1	4：1	4：1	4.2：1	4：1	4.2：1	4：1

据上表可知，医学学生数量与经学学生数量的比例约1：4，关内道州经学学生约1540人，以此比例推测关内道

医学学生的数额应该在 400 人左右。据上表可知，京兆府有经学学生 160 人，故京兆府医学学生约为 40 人。

综上所述，唐代关内道地方学校的规模在 7450 人左右，加上中央官学 2210 人与其他学生 850 人，共约 10510 人，占全部官学学生 63070 人的 16.7% 左右。如果再计入艺术类教育的 11549 人，此比例约 35%。教育资源高度集中于京畿地区，可能是隋唐时期的明显特点。京兆府地方学校的规模在千人左右，因为中央官学都集中于长安城内，故京兆府的教育资源集中的比例会更高。

在大力举办官学的同时，政府也极力鼓励民间创办私学，唐玄宗明令："许百姓任立私学，欲其寄州县受业者亦听。"实际上，在官学出现波动的同时，私学却一直持续发展。

三、留学生教育

隋唐文化教育属于"有教无类"的外向型教学模式，周边政权经常派留学生、质子使节和贵胄子弟入唐学习，甚至诸族民众因慕化向学有自愿入唐者。其学习内容涉及管理制度、汉字、儒家经典、史籍、诗歌文学、艺术、生产技术、风俗礼仪等方面，作为学术中心的京城长安当之无愧地成为留学唐朝的必选之地。长安文化教育不仅扩大了唐文化的世界影响，更提高了唐朝的国际地位。同时，教育的交流也是双向的，通过留学生的教育，唐文化也在对外开放的过程中汲取了大量来自域外的新鲜养料。

高明士在《庙学与东亚传统教育》一文中提出，七八世纪的隋唐时代，盛行于京师长安及诸州县的庙学制，也影响到邻近之高丽、新罗、日本以及越南的学校教育。庙学制是东亚教育圈的基本特征，而东亚教育圈的存在，又是推动中国文化圈成长的基本动力。长安教育之所以能波及周边各国，众多留学生、使节是文化教育传播的主要载体。

唐初，武德八年（625），《册府元龟》卷九九九《外臣部·请求》载："高丽遣人来学道佛法，诏许之。"外族入唐学习者从此不绝如缕。唐太宗时期，周边民族纷纷入唐留学，有高丽、百济、新罗、高昌、吐蕃等，诸国酋长亦遣子弟请入国学。不仅高丽、百济、新罗、高昌、吐蕃派遣学生请入国学，后来，日本、渤海、西北各族也经

唐代三彩釉陶胡人牵驼俑

常向唐派遣留学生，如《唐语林》记日本派留学生入学京师："新罗、日本诸国皆遣子入朝受业。"《新唐书》记渤海学生留学长安："初，其王数遣诸生诣京师太学，习识古今制度。"《唐会要》记："吐蕃王及可汗子孙，欲习学经业，宜附国子学读书。"隋唐时期首领称可汗者多为西北诸族，西北诸番可汗也派遣子弟进入京师国学。唐玄宗开元二年发《令番客国子监观礼教敕》："自今已后，番客入朝，并引向国子监，令观礼教。"唐政府将外国番客观礼国子监形成制度，唐朝"有教无类"式的开放教育逐渐成熟。

中唐以后，诸番入唐留学者仍络绎不绝，其中以新罗留学生最多。那么，新罗留学生如何接受唐代教育呢？唐敬宗宝历元年（825），新罗国王金彦升奏："先在太学生崔利贞、金叔、贞朴、季业四人，请放还蕃。其新赴朝贡金允夫、金立之、朴亮之等一十二人，请留在宿卫，仍请配国子监习业，鸿胪寺给资粮。"新罗的请求得到了允准。从此事来看，新罗奏请留学期满的 4 人归国，另派 12 人进入长安国子监习业，入唐留学已经形成新陈代谢制度。值得一提的是，新来人数要远大于学成还番人数，说明新罗留学唐朝长安在此时仍处于上升期，其留在长安国学中的总人数会越来越多。《东史纲目》卷五上载："新罗自事唐以后，常遣王子宿卫，又遣学生入太学习业，十年限满还国，又遣他学生，入学者多至百余人。"长安国学内新罗学生较多，最多的时候达到百余人。其实，百余人并不是新罗留住长安学生的最大值，还有200多人的记录，如唐文宗开成二年（837），史载："新罗差入朝宿卫王子，并准旧例，割留习业学生；并及先住学生等共二百十六人。请时服粮料。又请旧住学习业者，放还本国。"新罗使者针对留学生向唐提出三个要求：一是请留习业学生，二是为原来留唐学生216人请求时服粮料，三是要求将学有所成者放还本国。唐朝的答复是："新罗学生内，许七人，准去年八月敕处分。余时服、马畜、粮料等，既非旧例，并勒还番。"原来留唐学生216人中有多少允许归国还番，却未予记载。到开成五年，"鸿胪寺籍质子及学生岁满者一百五人，皆还之"。单次放归新罗学习期满留学生就达105人，是否与三年前新罗使者请求放还习业者有关不得而知，但一次归国还番105人同样也可证明新罗留住唐长安的学生规模相当大。

此前的开成元年，唐政府也有诏敕涉及接受新罗留学生的问题。《唐会要》卷三六《附学读书》记："敕新罗宿卫生王子金义宗等，所请留住学生员，仰准旧例留二人，衣粮准例支给。"联系前引材料，开成元年唐朝允许新罗2人、开成二年允许7人入京留学，不难发现开成年间新罗每年入唐请学之人数远少于放还人数，反映出唐朝接受新罗留学生的制度正在经历一个调整期，但并不是停废，因为新罗学生直到唐末仍有入唐之记载。经过党银平研究，唐代对新罗留唐学生有特殊的管理体制，这些留学生多以随使入贡的方式来华，进入国子监学习不同的专业，求学费用由两国政府共同提供，留唐时间以十年为限，满期后便由遣派国上表请求遣返，但取得进士身份的留学生则可以得到继续留华的优待。杨希义在《唐代宾贡进士考》一文中，也曾就唐朝宾贡进士进行研究，认为外国留学生人数大大超过宾贡进士数，说明唐朝留学生考中进士的比例很小，绝大多数学成后归国，即使通过科举考试，也多数归国。

隋唐时期，日本多次向隋唐派出遣隋、遣唐使，木宫泰彦在所著《日中文化交流史》中有详细论述。就唐代日本留学生问题，胡锡年综合木宫泰彦氏和森克己氏的观

唐代留学僧空海像

点，认为19次遣唐使只有12次派有留学生和留学僧，每次一二十人，总共也就有二三百人左右，并且注意到木宫泰彦氏所列留唐学生可考姓名者，149人中只有120人左右最终来到唐朝。梁容若、黄约瑟专门就日本留唐学生晁衡、橘逸势等个案进行研究。这些研究集中说明唐都长安曾是日本许多学生学习过的地方。2004 年，西北大学历史博物馆征集到一方唐代墓志，志主井真成也是一名入唐学习的日本留学生。"公姓井，字真成，国号日本，才称天纵，故能衔命远邦，驰骋上国。"一些学者认为井真成可能是随 717 年第八次遣唐使来到长安的。以开元二十二年（734）终于长安官第，春秋卅六。他并未完成其学业就英年早逝，最终埋葬在京城长安。石刻资料再一次证明长安文化教育在遣唐使时代的重要地位。

不仅新罗、日本留学生来到唐都长安学习，渤海也曾多次向长安派出留学生。《册府元龟》载，文宗大和七年（833），"忽汗都督国王大彝震奏遣学士解楚卿、赵孝明、刘宝俊三人，附谢恩使同中书右平章事高赏英赴上都学问，先遣学生李居正、朱承朝、高寿海等三人，事业稍成，请准例递乘归本国，许之"。渤海自号震国，领忽汗州都督，专称渤海。派 3 人留学，又放 3 人归国，基本持平。到开成二年（837），渤海国贺正使大俊明请求派 16 名渤海国学生赴上都留学，唐朝的应对办法是 16 人只允许其中

6 人赴长安留学，其余 10 人勒回。但比较大和时每年 3 人的规模，还是翻了一番，增加到每年 6 人。所以《新唐书》记："其王数遣诸生诣京师太学，习识古今制度。"说明渤海国向唐都长安派出留学生也构成外交往来的主要内容，甚至不少渤海留学生还通过科举考试成为宾贡进士，唐五代渤海留唐进士可达十数人。

第二章

史学成就

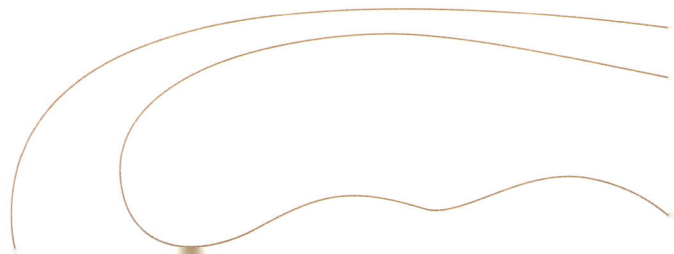

第一节　史馆的创建

有唐一代重视借鉴历史、保存历史和创新历史，史学创作进入一个新时期。

在借鉴历史方面，由官方组织史官编写前代史书，皇帝亲自过问修史之事，唐开其端。唐高祖李渊曾下诏："史官记事，考论得失，究尽变通，所以裁成义类，惩恶劝善，多识前古，贻鉴将来。"目的是借修史以总结历史得失，借鉴历史经验。"览前王之得失，为在身之龟镜。"其知古鉴今的意图不仅形于纸上，也见于行动。《梁书》《陈书》《北齐书》《周书》《隋书》《晋书》，再加上由李延寿完成、又经过唐政府认可的《南史》《北史》等八部纪传体史书，正是其成果。

在保存历史方面，史馆的设立、系统的史料来源制度和大型的官修史书的问世，均说明唐朝将史料保存作为政府行为，并且逐渐形成制度。虽然唐代起居注、诸帝实录、国史今日存世者仅有《大唐创业起居注》《顺宗实录》等寥寥几部，但这些经由政府编撰搜集的资料成为后晋、北宋编写两唐书的主体史料。

在创新历史方面，唐朝在历史体裁、史学意识和修史制度等方面都有明显的进步，某些领域显示了唐人鲜明的创新精神。杜佑《通典》成为典制体通史的奠基者，刘知几《史通》成为史评体的开山之作，苏冕、苏弁兄弟的《会要》体裁为史料分类找到了新的载体。还有，唐初形成的后代修前代史制度、宰相监修制度、史料征集制度逐渐确立，即官方设馆修史得以制度化也是在唐朝形成的。因为重视借鉴历史，才会主动保存历史；因为重视修史，才会取得史学创新。

古代史官之名很多，或太史、小史，或内史、外史，到汉代逐渐确定为太史，但修史之所并不固定。东汉修史多在东观；魏则以著作郎专掌国史；晋改隶秘书省；南朝又以著作隶秘书省；北齐承袭此制，称为史阁或史馆；隋朝以著作曹掌国史；唐朝称著作局隶秘书省。贞观初，别置史馆于禁中，专掌国史。自此史馆成为唐代官方修史的最主要机构。史馆之名最早见于北齐，但北齐史馆是否为一独立修史机构，尚有争议。张荣芳在追溯史馆的渊源时认为东汉时的兰台、东观是当时政府修史活动的地点，但二者都是因为藏书丰富，修史可资利用，并非专供修史。故史馆之制始于汉代或北齐多有未通之处，始于唐代则并无争议。瞿林东在《中国史学史纲》中认为，唐代史馆的设立是修史机构的重大改革，历代修史机构大致袭用此制，中国古代官府修史绵延不断，史馆起了重要作用。

唐代史馆设在两京，以都城长安的史馆为主。唐前期史馆的隶属关系与史馆馆址都有变化。史馆的隶属关系，由早期秘书省著作局承担修史演变为史馆专掌国史，隶属于门下省；开元时期，又归属于中书省。史馆因隶属关系的变动，其馆址也多次改变。贞观三年（629），移入太极宫城中门下省之北；龙朔二年（662），又移置史馆于门下省之南；开元二十五年（737），迁史馆于中书省北的尚药院。至德二载（757），修史官于休烈奏报叛乱给国家藏书带来的损失情况时提到：实际上，兴庆宫也有史馆，并收藏大量的国史、实录、起居注等书，而这些书正是开元、天宝时期史馆的工作成果，并不属于一般国家藏书。

隋代国史修撰属于秘书省著作曹，至唐初仍承旧制，只不过改为著作局。《唐六典》记："隋氏曰著作曹，掌国史，隶秘书省。皇朝曰著作局。贞观初，别置史馆于禁中，专掌国史。"此所谓的贞观初，他处记为贞观三年闰十二月。此前官修史书应归秘书省之著作局，如武德五年（622），唐高祖接受令狐德棻的建议，诏命修六代史：

自有魏至乎陈隋，莫不自命正朔，绵历岁祀，各殊徽号，删定礼仪。然而简牍未编，纪传咸阙，炎凉已积，谣俗迁讹，余烈遗风，泯焉将坠。顾彼湮落，用深轸悼，有怀撰次，实资良直。中书令萧瑀，给事中王敬业，著作郎殷闻礼，可修魏史；侍中陈叔达，秘书丞令狐德棻，太史令庾俭，可修周史；中书令封德彝，中书舍人颜师古，可修隋史；大理卿崔善为，中书舍人孔绍安，太子洗马萧德言，可修梁史；太子詹事裴矩，吏部郎中祖孝孙，前秘书丞魏徵，可修齐史；秘书监窦琏，给事中欧阳询，秦王府文学姚思廉，可修陈史。

此次已经就编纂魏、周、隋、梁、陈、齐六个王朝的历史组织了编修班子，各史几乎都有秘书省的官员参加修纂，应该是以秘书省的著作局为主体。遗憾的是"绵历数载，竟不就而罢"，虽然未能完成编修六代史的任务，却为再次编修积累了资料和准备了条件。

第二节　官修八史

一、五代史与《五代史志》的编纂

事实上，虽然史馆于贞观三年（629）移于禁中门下省北，但并不是此后所有的官方修史都在史馆完成。最典型的事例是《隋书》《周书》《北齐书》《梁书》《陈书》五代史就是贞观三年以后修纂、却不在史馆修成的官修史书。《唐会要》记载："贞观三年，于中书省置秘书内省，以修五代史。"历时 7 年，到贞观十年完工，由房玄龄、魏徵进上梁、陈、齐、周、隋五代史，有诏藏于秘阁，说明周、隋、梁、陈、齐五代史修成。值得一提的是，五代史是在隶属中书省的秘书内省完成的，并非在隶属门下省的史馆。《旧唐书·令狐德棻传》载："贞观三年，太宗复敕修撰（五代史），乃令（令狐）德棻与秘书郎岑文本修周史，中书舍人李百药修齐史，著作郎姚思廉修梁、陈史，秘书监魏徵修隋史。"五史的修纂仍然几乎都有秘书省或隶属于秘书省的著作局官员参与，其中，著作郎姚思廉撰成《梁书》50 卷、《陈书》30 卷。贞观三年，《旧唐书·姚思廉传》记："又受诏与秘书监魏徵同撰梁、陈二史。" 魏徵是秘书监，姚思廉是著作郎，集中说明五代史的编修也是以秘书省著作局官员为主体，是在秘书内省完成的，并不是在史馆。

唐人杜佑在所著《通典》中记："初，著作郎掌修国史及制碑颂之属，分判局事，佐郎贰之，徒有撰史之名，而实无其任，其任尽在史馆矣。"杜佑认为唐朝著作郎"徒有撰史之名，而实无其任"并不完全符合事实，当然，他所说的修国史之任尽在史馆，也有不准确之处。这实际上是一个问题的两个方面，即前文所说，需要有一个时间节点，在贞观十年后是准确的，在此之前就不是事实。因为唐初可知的著作郎修史者大有人在，前有著作郎殷闻礼修魏史，后有著作郎姚思廉修梁史、陈史。同时，不在史馆修纂的五代史也说明修国史之任"尽在史馆"之说不够准确。但是，杜佑（735—812）生活在由盛唐转入中唐的时代，当时，国史之任确实是尽在史馆。不仅在杜佑时代，即从贞观十年后，或者说五代史后情况就是如此了，甚至出现五代史是秘书内省修成的，而《五代史志》却是在史馆修成的现象。

唐高宗显庆元年（656），太尉长孙无忌进上由史官修成的梁、陈、周、齐、隋《五代史志》。由长孙无忌监修的《五代史志》或称为《五代志》，或称为《隋书十志》，开始于贞观十五年（641），经16年才勒成10志30卷之规模。始单独流行，后编入《隋书》，与原书之55卷合成85卷，也就是现在通行本《隋书》。其他几部均无志，需检《隋书》之志。此项工程的参加者都是当时著名的史家，如监修者有褚遂良、令狐德棻、长孙无忌等，修

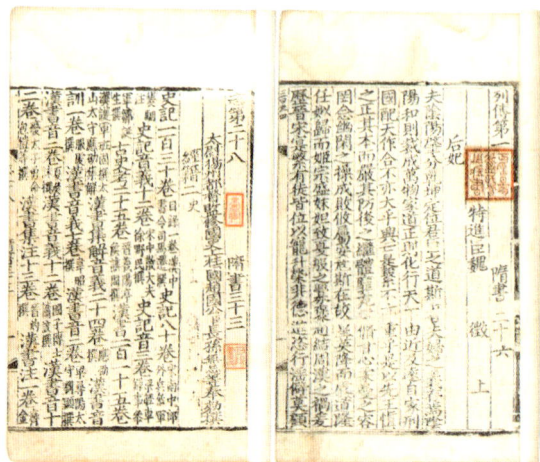

明代刊本《隋书》

撰者有于志宁、李淳风、韦安仁、李延寿、敬播等。

　　有些史臣既参加修五代史的纪传，又参与《五代史志》的编纂。前引刘知几之文提到"其先撰史人，唯令狐德棻重预其事"，应该是指参加修五代史的史官，只有令狐德棻参加了《五代史志》的修撰。事实上，这种说法并不准确。其实李延寿也是既参加了修撰五代史，又参加了《五代史志》的编修，令狐德棻并不是唯一的两项工作都参加的史官。此外，史官敬播也是前佐颜师古、孔颖达修《隋史》，后与李延寿同修《五代史志》。这证明敬播同令狐德棻一样，也是同时参加编修五代史和《五代史志》的工作。而博学如刘知几，不仅没有注意到李延寿、敬播与令狐德棻一样也是前后两次参加修五代史的史官，而且连敬播作为史官曾经参与过修纂的事实也忽略不提，只能说明刘知几对修五代史和《五代史志》的工作不够熟悉。

上文提到颜师古在贞观初曾与孔颖达同修撰隋史，但他是否参加了《五代史志》的撰修呢？《册府元龟》记颜师古曾于永徽元年（650）撰《隋书·地理志》3卷，按理也应该参与过修撰《五代史志》。但颜师古卒于贞观十九年（645），他根本不可能到唐高宗永徽元年再任礼部侍郎兼修国史，也就不可能在此时再去完成《隋书·地理志》3卷。之所以出现这种情况，可能是《册府元龟》的撰修者把时间记错，或者是把人名记错。还有一种可能，就是颜师古在生前就撰成3卷《隋书·地理志》，因为其他诸志尚未脱稿，到修撰《五代史志》时才采用其稿。实际上，魏徵在众史官中也是较为特殊者，前述他与房玄龄作为监修官主持贞观三年修五代史的工作，并且直接参加了隋史、梁史、陈史、齐史的撰写，但对于魏徵是否参加《五代史志》的工作，多有争议。争议的焦点是魏徵卒于《五代史志》开修的第三年即贞观十七年（643）。尤其是针对魏徵是否为《隋书·经籍志》的作者，学界多提出质疑。有学者认为把魏徵当作《隋书·经籍志》的撰者是曲解了史料的原意。

褚遂良在《五代史志》编撰中的工作也曾受到宋人的质疑，认为他只写了《隋书·五行志》的序，实际上，褚遂良不仅曾经受诏参加此项工作，还一度担任监修。因此，宋人言褚氏"只为一序"的推断也会遭到质疑，其提出褚氏之名在《五代史志》的史臣中略而不提的理由也就难以成立。

不管《五代史志》的参加者除上述数人外还有无其他人，其完成是在史馆中无疑，正与五代史在秘书内省完成形成鲜明对比，而这种同是官修史书，主持部门不同，甚至同一部史籍，《纪》《传》在秘书内省完成，《志》在史馆中编修的现象，正好用另一种形式见证了唐朝官修史书制度转型的过程。

二、《晋书》和《南史》、《北史》的修撰

《晋书》是代表唐初官修史书最高成就的又一部史籍，其与《隋书》等五代史相比，表现出较大的异趣，反

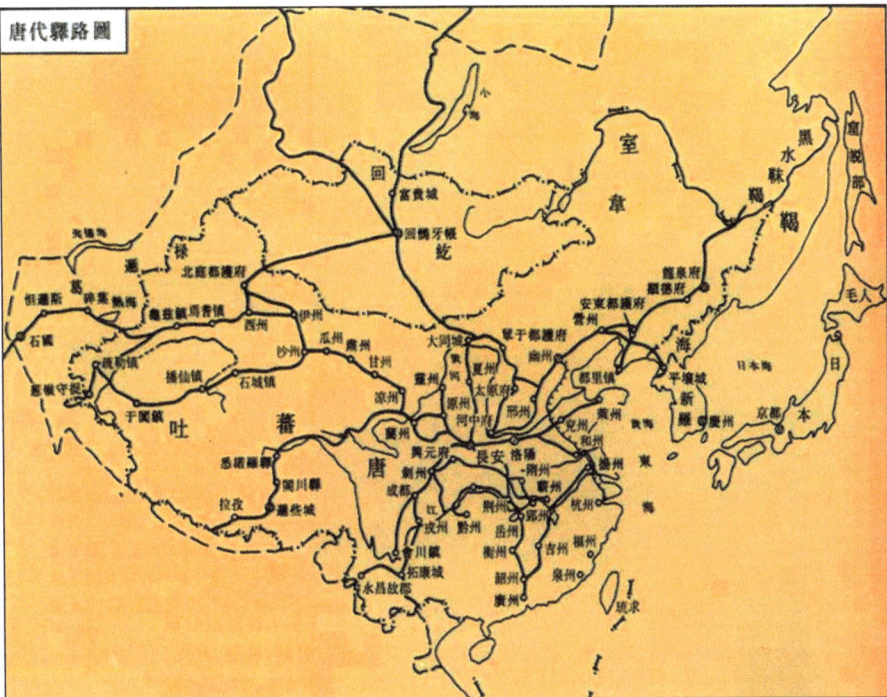

唐代驿路图

映了官修纪传史在取得独尊地位以后的变化。贞观二十年
（646），唐太宗下诏修《晋书》，诏曰："宜令修国史所
更撰《晋书》，诠次旧闻，裁成义类。俾夫湮落之诰，咸
使发明，其所须，可依修五代史故事，若少学士，亦量事
追取。"于是，司空房玄龄、中书令褚遂良、太子左庶子
许敬宗3人同掌其事，担任监修，但编撰体例由令狐德棻、

敬播、李安期、李怀俨4人确定，《旧唐书·令狐德棻传》记："有诏改撰《晋书》，房玄龄奏德棻令预修撰，当时同修一十八人，并推德棻为首，其体制多取决焉。"明确列出参加修撰史臣的人数。《旧唐书·房玄龄传》却只记许敬宗、来济、陆元仕、刘子翼、令狐德棻、李义府、薛元超、上官仪等8人，分功撰录，实际给出2人监修、8人参修，与前述之18人同修相差较远。综合诸处所记，实际参加编修《晋书》的史臣还要超过18人，达22人，这个数字并未计算李世民。

《晋书》完成于贞观二十年，但用时多久并不清楚。有史料明确记载此书用时数载，但下限至今不明。今中华书局点校本《晋书·出版说明》认为："《晋书》的修撰，从贞观二十年（646）开始，二十二年（648）成书，历时不到三年。"明确提到成书时间，但不知何据。史载贞观二十二年，新罗使者金春秋等入唐，"太宗因赐以所制《温汤》及《晋祠碑》，并新撰《晋书》"。唐太宗赐新罗使者诸物中包括新修《晋书》，说明《晋书》在此前就修成。因为新罗使者金春秋在此年闰十二月入朝，所以新修成的

《晋书》就成为唐太宗送给新罗的礼物，由此确定此书完成时间在贞观二十二年，虽属推测，也不无道理，但具体时间仍无法确定。

可以确定李淳风在其中承担《天文》《律历》《五行》三志的修撰。除此三志外，《册府元龟》记房玄龄与褚遂良等撰《晋书·地理志》两卷，说明房玄龄、褚遂良可能是《地理志》的完成者。其他诸史臣的具体分工已难以尽知，只知敬播负责全书之发凡起例，其体制又多取决于令狐德棻。实际上负责全书的体例编撰工作的除令狐德棻、敬播外，还有李安期、李怀俨，此数人对《晋书》的完成起到关键作用。

在众多史臣中，有些史臣既参加编修了五代史、《五代史志》，也参加了《晋书》的修撰，如令狐德棻、敬播、李延寿等就属于这类史臣。与其他史臣不同的是，李

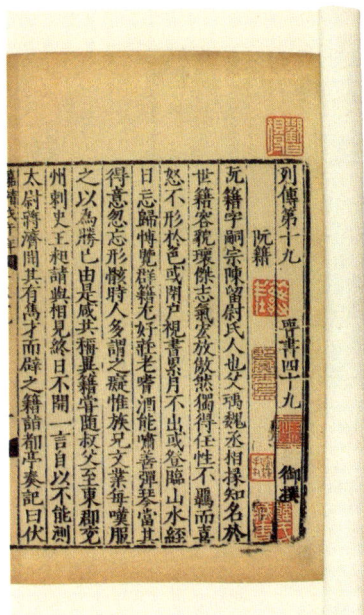

明代万历本《晋书》

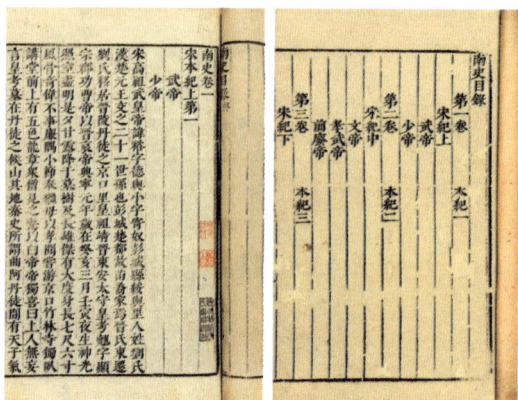

明代崇祯本《南史》

延寿不仅参加官府修史，还进行私家修史的工作，《旧唐书》卷七三《李延寿传》记："尝受诏与著作佐郎敬播同修《五代史志》，又预撰《晋书》……延寿又尝删补宋、齐、梁、陈及魏、齐、周、隋等八代史，谓之《南北史》，凡一百八十卷，颇行于代。"正是因为李延寿特殊的家庭教育和特殊的任职经历，才有《南史》《北史》二书的出现。

李延寿之父李大师素怀著述之志，有感于宋、齐、梁、陈、魏、齐、周、隋南北分隔，南书谓北为"索虏"，北书指南为"岛夷"。而官修诸史各以其本国周悉，书别国并不能备，亦往往失实，常欲改正，将拟《吴越春秋》，编年以备南北。但他的志向并没有实现，临死之时，以此为恨。李延寿为了实现其父的遗志，在私家藏书的基础上，又利用参与官府修史的机会，手抄笔录，依司马迁

《史记》的纪传体例，历时 16 年，终于编成《南史》《北史》，"其南史先写讫，以呈监国史、国子祭酒令狐德棻，始末蒙读了，乖失者亦为改正，许令闻奏。次以北史谙知，亦为详正。因遍谙宰相，乃上表"。因为当时官府修史已形成制度，私家修史要公开流传，必须获得政府承认，而李延寿父子的《南史》《北史》撰自私门，在未经奏闻皇帝之前，不可能流传。为此，李延寿在经令狐德棻审查修正、经宰相通过后，上表奏闻，《北史·序传》收录此表全文，但对于奏闻结果却并未提及。综合现有记录来分析，他的上表并不是一次成功，两唐书就此事的记载出入很大，《旧唐书》本传记《南史》《北史》"颇行于代"，而《新唐书》本传却言二史"时人见年少位下，不甚称其书"，二者截然相反，如果不是失实，就可能是二史初期流传有过波动。而李延寿之所以要将二史初稿呈报监国史、诸宰相，甚至要表奏皇帝，也许与书稿得不到时人认可有关。此事的转机可能在"帝自制序"之后，《册府元龟》记：

李延寿为符玺郎，撰南、北史一百八十卷，卒。高宗诏曰："故符玺郎李延寿，艺文该洽，材兼良史，撰《政典》一部，词殚直笔。虽其人已亡，功有可录，宜赐其家绢五十匹，仍令详正所写，两本付秘书，一本赐皇太子。"

唐高宗因欣赏李延寿"材兼良史"而亲自为《南史》《北史》作序，还对他所写《太宗政典》的史笔再次表彰。《新唐书》记此事在调露中，《唐会要》记在调露二年（680），李延寿在唐高宗调露二年之前已去世，而他所著《南史》《北史》到此时才得到承认，距他成书上表已过20余年，这似乎暗示《北史·序传》所载表奏当时未予通过，李延寿以此表作为全书的结尾，是有现实用意的，难道他要通过此种形式向后人表达他的坚持和自信吗？有待通识。

李延寿完成《南史》《北史》的时间大概在唐高宗显庆四年（659），《唐会要》卷六三《史馆上·修前代史》记："其年（显庆四年），符玺郎李延寿撮近代诸史，南起自宋，终于陈，北始自魏，卒于隋，合一百八十篇，号南、北史，上自制序。"刘知几也记此书完成于显庆中，向前回溯 16 年是贞观十七（643）年，这是他撰写的起始时间。实际上，编撰工作早在贞观五年就开始了，李延寿《自序》记："（贞观五年）从官蜀中，以所得者编次之。然尚多所阙，未得及终。……（贞观十五年）因兹复得勘究宋、齐、魏三代之事所未得者。……（贞观十七年）因此遍得披寻。"说明修撰二史的资料搜集工作从贞观五年（631）到十七年一直在进行，只是到了贞观十七年，修史所需资料更为方便后，才开始全面修撰。从贞观五年到显庆四年，前后共用 28 年，这还没有计算其父李大师近两年的工作。而从显庆四年到调露元年得到认可又经过 20 余年，可见私家修史工作之艰巨。

《北史》的记事，"起魏登国元年，尽隋义宁二年，凡三代二百四十四年，兼自东魏天平元年，尽齐隆化二年，又四十四年行事，总编为本纪十二卷、列传八十八卷，谓之北史"。从 386 年到 618 年，只有 233 年，并非 244 年，编成《北史》100 卷。《南史》的记事，"起宋永初元年，尽陈祯明三年，四代一百七十年，为本纪十卷、列传七十卷，谓之南史。"从 420 年到 589 年，共 170 年，

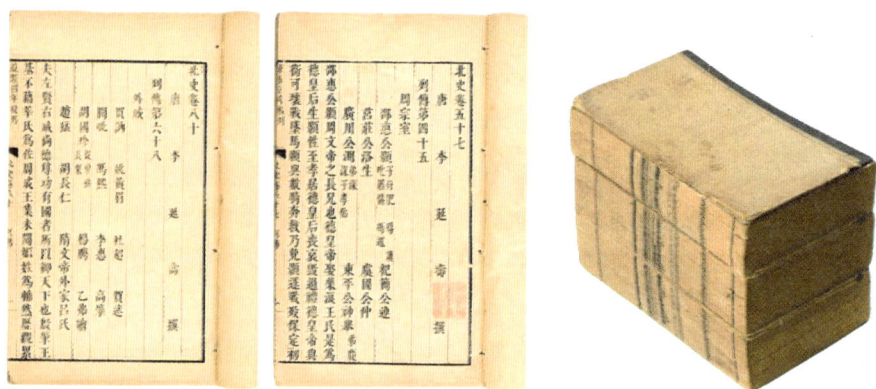

清代内府刻本《北史》

编成《南史》80卷。瞿林东在综合宋代和清代诸学者对《南史》《北史》的分析认识后，充分肯定了二史的学术价值，尤其他认为李延寿撰《南史》《北史》在体例上采用了纪传体，改变了他父亲打算用编年体的计划，但是，在著述宗旨上，他完全承继了李大师倾向统一的思想。对此，谢保成认为李延寿改用纪传体，未能把南北集于一书，是对其父思想的偏离，父子异趣。何德章则认为二史承认南北分裂而不强调谁顺谁逆的观点是不正确的，《南史》《北史》有鲜明的正统观，以北魏、北周、隋为正统，以宋、齐、梁、陈及东魏、北齐为偏据。《南史》《北史》所引发的争议历来纷纭不已，见仁见智，但有一点是共同的，即二史的研究价值是无可争议的。

第三节 《大唐六典》的编修

如果说上揭八部正史代表了初唐史学的新成就，那么《大唐六典》可以代表盛唐官修史书所达到的新高度。《大唐六典》的篇幅并不大，只有 30 卷，但其用功最为艰难，其编撰群体集中了当时最善著述的几位大学者，前后五易主持，14 名学识皆优的编撰者历时 16 年才告完成。这部典籍是联系开元时期现实社会与唐玄宗君臣政治理想的纽带，也是后世解读开元盛世的一部重要文献。

《大唐六典》由唐玄宗提出体制，"听政之暇，错综古今，法以周官，作为唐典"，要求完成一部以理典、教典、礼典、政典、刑典、事典为纲目，类似周礼六官的唐典。开元十年（722），陆坚最早主持编修工作，后经张说、萧嵩、张九龄、李林甫，五易主持。诸书均记《大唐六典》编修极其艰难，张说将编撰委任徐坚，结果他构意岁余，感叹道："吾更修七书，而《六典》历年未有所适。"善于撰述如徐坚者，面对《大唐六典》之工作仍感

张九龄像

无从下手。最终由萧嵩引用著名学者韦述参撰后，韦述始摹拟周六官领其属，事归于职，规制遂定，说明发凡起例的任务由韦述完成。即使是韦述，仍然留下用功艰难的记录，史载他用功艰难，绵历数载。

《大唐六典》编写之难度各处记载都一致，但记录其完成时间却互有出入，《唐会要》卷三六《修撰》："（开元）二十七年二月，中书令张九龄等撰六典三十卷成，上之，百官称贺。"但王应麟、程大昌等宋代学者注意到张九龄在开元二十三年罢相（应为开元二十四年），开元二十七年张九龄已不再担任中书令，言此年由他奏上《大唐六典》，恐与事实不合。

唐人韦述《集贤记注》记："开元十年，起居舍人陆坚被旨修六典，上手写白麻纸凡六条，曰理、教、礼、政、刑、事典，令以类相从，撰录以进。张说以其事委徐坚，思之历年，未知所适。又委毋煛、余钦、韦述，始以令式

066

入六司，象周礼六官之制，其沿革并入注，然用功艰难。其后，张九龄又委苑咸，二十六年奏草上，至今在书院，亦不行。"

唐人刘肃《大唐新语》记："开元十年，玄宗诏书院撰六典以进。时张说为丽正学士，以其事委徐坚，沉吟岁余，谓人曰：'坚承乏，已曾七度修书，有凭准皆似不难，唯六典，历年措思，未知所从。'说又令学士毋煚等，检前史职官，以令式分入六司，以今朝六典，象周官之制。然用功艰难，绵历数载。其后张九龄委陆善经，李林甫委苑咸，至二十六年，始奏上。百寮陈贺，迄今行之。"

书述、刘肃都记《大唐六典》于开元二十六年奏上，与上揭《新唐书·艺文志》一致，却与《大唐会要》《册府元龟》所记开元二十七年相差一年，孰是孰非，难以判断。检《唐六典》收录开元诏令，其中有不少开元二十五年诏命，但都是以注文的形式放在正文之后，如《大唐六典》卷四《尚书礼部》"礼部郎中"条注："开元二十五年，臣林甫谨草其仪，奏而行之。"注文中明确指出开元二十五年的在《大唐六典》中有数十处，但暗示注者为李林甫的只有两处，另一处是卷二《尚书吏部》"吏部郎中"条："按：旧制，御史大夫、六尚书已上要官皆进让，臣林甫等伏以为进让之礼，朝廷所先。"也显示按语者为李林甫。文中多次引用开元时期的诏命制置，但明确注明开元二十六年者也仅有两处，如卷十《秘书省》"著作局"条注曰："开元二十六年减置二人。"另一条注曰："开元二十六年减置一人。"标明注者身份和时间的注文，正文中却未见，印证了李林甫作注的说法，也证明成书时间应在开元二十六年之后，或者说开元二十七年撰成奏上之记录更接近事实。

韦述、刘肃在记修撰《大唐六典》时，有一个很明显的分歧，韦述认为《大唐六典》"至今在书院，亦不行"，而刘肃则认为"迄今行之"。实际上，二人记载的不是同一时期的情况，韦述《集贤记注》成书于天宝十五载（756），刘肃《大唐新语》成书于元和二年（807）稍前，出现不同看法与时代背景有关，或者说对"行"字的理解不同所导致。但从此围绕《大唐六典》是否行用的争议就不绝如缕，宋人晁公武《郡斋读书志校证》卷七认为："虽不能悉行于世，而诸司遵用，殆将过半，观唐会要，请事者往往援据以为实。韦述以为书虽成而竟不行，过矣。"程大昌、王应麟等宋代学者均持行用之说。而《四库全书总目》引唐人吕温《代陈[郑]相公请删定施行〈六典〉〈开元礼〉状》一文中"宣示中外，星纪六周，未有明诏施行"之句，认为与韦述之言相合，则《大唐六典》未尝事事遵用，又主张并未行用之说。

现代学者不仅在《大唐六典》是否行用上产生争议，在判定其性质时也有分歧。陈寅恪在《隋唐制度渊源略论稿》中认为："开元时所修《六典》乃排比当时施行令式以合古书体裁，本为粉饰太平制礼作乐之一端，故其书在唐代行政上遂成为一种便于征引之类书。"同时，陈寅恪在《元白诗笺证稿》中又提出："《六典》一书自大历后公式文中，可以征引，与现行法令同一效力。"严耕望则认为，《大唐六典》一书之编撰，以开元时代现行官制为纲领，以现行令式为材料，其沿革则入注中，故其性质即为一部开元时代现行职官志。钱大群、李玉生则认为《大唐六典》是以显示有唐一代制度盛况为目的的官修典籍。韩长耕、王超、陈仲夫、宁志新等学者也针对这些问题提出了自己的看法，这些学术争鸣使得学界对此书的研究进入一个新阶段。

综上所述，《大唐六典》由于唐玄宗首先提出纲目并曾亲自撰序，所以题署御撰，实际上是先后五任编修主持者和十几位具体修撰者用时十六年的集体成果。其体例由韦述确定，正文由张九龄奏上，后经李林甫等作注，全书才算最后完成。故宋人曾巩《元丰类稿》记："臣向在馆阁，尝见此书，其前有序，明皇自撰意，而其篇首皆曰御撰，李林甫注。及近得此书不全本，其前所载序同，然其篇首不曰御撰，其第四一篇则曰：集贤院学士知院事、中书令、修国史、上柱国、始兴县开国子臣张九龄等奉敕撰。"署名权的差异不影响这部典籍的文献价值，也从另一方面说明，这又是一例唐朝史官集体合作、分工编撰而最终取得成功的典范。

第四节　杜佑与《通典》

编修八部纪传体史书和《大唐六典》都属于集体成果，《通典》则是杜佑一人独出心裁的结果。

杜佑（735—812）生活在唐朝由盛转衰的时期，京兆万年（今陕西西安）人，出身名门，凭父荫步入仕途，历任刺史、节度使，直至入朝为相。他自幼喜欢博览典籍，性勤而无倦，虽位极将相，但仍手不释卷。史载杜佑精于吏职，掌计治民，以富国安人之术为己任，历事玄、肃、代、德、顺、宪六宗六朝，独特的历史机遇和成长环境成就了杜佑立功与立言两大志向。

《通典》的编撰标志着杜佑在治学与治世方面都达到极高的境界，是他把立功的经验与立言的志向融会贯通的成果。从大历元年（766）到贞元十七年（801），前后历时 36 年，杜佑完成了《通典》这部不朽的史学名著。《旧唐书·杜佑传》载杜佑从刘秩所撰分门书《政典》中得到启发，"佑得其书，寻味厥旨，以为条目未尽，因而广之，

清代武英殿本《通典》

加以开元礼、乐，书成二百卷，号曰《通典》。贞元十七年，自淮南使人诣阙献之"。其献书表云："书凡九门，计贰百卷，不敢不具上献，庶明鄙志所之。"全书共 200 卷并无差异，但作为分门书的《通典》应分成多少门，诸书所记不尽一致。

现行多种版本都为九门，分别是《食货典》《选举典》《职官典》《礼典》《乐典》《兵典》《刑法典》《州郡典》《边防典》。也有记为八门，如《通典》开篇就载杜佑自序："是以食货为之首，十二卷。选举次之，六卷。职官又次之，二十二卷。礼又次之，百卷。乐又次之，七卷。刑又次之，大刑用甲兵，十五卷，其次五刑，八卷。州郡又次之，十四卷。边防末之，十八卷。或览之者庶知篇第之旨也。本初纂录，止于天宝之末，其有要须议论者，亦便及以后之事。"杜佑自言全书分成八门，唐人李翰为《通典》作序时也认为："凡有八门，勒成二百卷，号曰《通典》。"不仅在数量上与现行九门之说不统一，在具体门类的名称上也有出入，如现行版本之《兵典》《刑法典》应该归入上述之《刑》，对应的是甲兵与五刑。对此问题，张荣芳认为《通典》历时三十余年始完成，在不断的补充修改过程中，杜佑极有可能适度地变更了初稿所草拟的篇目门类。邱添生进而提出，李翰于大历六年阅读了《通典》初稿，距全书正式完成定稿上表进奏尚有三十年的时间，此后的工作是在原已完成初稿的架构下，把天宝末年以后迄于德宗贞元年间时事，尽量以自注的方式补入其中，最后终于完成定稿。也就是说，杜佑的《序》、李翰的《序》都可能在初稿写出时完成，所以与经过近三十年修改后的定稿多有出入。

事实上，不仅《兵》《刑》二门的名称出现不一致，就是卷数也曾有过变动，《唐会要》卷三六记："贞元十九年二月，淮南节度使杜佑撰《通典》二百卷，上之。其书凡九门，取食货十二篇，选举六篇，职官二十二篇，礼一百篇，乐七篇，兵六篇，刑十七篇，州郡十四篇，边防十六篇。佑多该涉，尤精历代之要。修《通典》，识者知其必登公辅之位。其书既出，遂行于时。"各书均记《通典》奏进于贞元十七年，独此处记为贞元十九年。据《玉海》卷五一《艺文》"唐《通典》《理道要诀》"条记："佑表曰：窃思理道，不录空言，由是累纪修纂《通典》，包罗数千年事，探讨礼法刑政，遂成二百卷，先已奉进。从去年春末，更于二百卷中纂成十卷，目曰'理道要诀'，凡三十三篇，详古今之要，酌时宜可行，贞元十九年二月十八日上。"此明确提到杜佑先编成《通典》，后缩编为《理道要诀》，其间应有二年之差，是否《唐会要》将杜佑奏上《理道要诀》的时间误认为《通典》的奏上时间，也未可知。而从诸篇之卷数来分析，《唐会要》所记其他诸篇都与现行一致，唯《兵典》6卷，较今本15卷少9卷，《刑典》17卷，较今本之8卷多9卷，虽然总数仍为200卷，但为何产生差额，且仍是《兵》《刑》二门出现差异，这些现象均说明《通典》之《兵典》与《刑典》较初稿曾做过较大改动。或者也可以认为，杜佑在《通典》初稿完成后到定稿的三十多年时间中，不仅完善自注和补充天宝至贞元间事实，《兵》《刑》二门也可能进行了较大改动。

《通典》成书后，反响强烈，史载："其书大传于时，礼乐刑政之源，千载如指诸掌，大为士君子所称。"直到五代时期，其书仍被认为是"圣教经制，国之大综"。但此书的归类问题却引发不小的争议，后晋史臣刘昫等认为《通典》受分门书《政典》的启发而写成，倾向于分门书的观点。欧阳修、宋祁等宋代史臣把《通典》归属于丙部子录类书，宋代藏书家晁公武也将其定为类书，称其"分类叙载，世称该洽"。而宋人陈振孙《直斋书录解题》、王应麟《玉海》却将其划入典故类。清代四库馆臣更是将其列入政书类，"每事以类相从，凡历代沿革，悉为记载，详而不烦，简而有要，元元本本，皆为有用之实学，非徒资记问者之可比"。之所以出现这么大的差异，是因为《通典》并没有依从之前的旧体例，而是别出心裁，独创以典章制度为中心的典制体，这也从另一方面说明《通典》在史学方法、史学旨趣和史学思想上的创新。

先就史学方法而言，《通典》打破了此前纪传体与编年体角力争胜的局面，杜佑以记载和讨论历代典章制度的因革得失为主创立了第三种史学编纂方法，这种新体例突破了唐代以前的史学格局，其书源于刘秩《政典》，胜于《政典》；出于正史之《书》《志》，优于各史《书》《志》。此外，《通典》不仅记录典章制度，也记事兼记言，多采用注解的形式，以说、议、评、按、叙、论等名称出现，对此，杜佑自言："凡义有经典文字其理深奥者，则于其后说之以发明，皆云'说曰'。凡义有先儒各执其理，并有通据而未明者，则议之，皆云'议曰'。凡先儒各执其义，所引据理有优劣者，则评之，皆云'评曰'。他皆同此。" 曾贻芬认为杜佑正文和注文的绝妙配合，扩大了《通典》的史料采录范围，使史注之体更趋完备，也提高了《通典》的史学价值。瞿林东认为《通典》中杜佑以分门囊括制度，以会通贯穿古今，以论议指陈得失，开拓了历史撰述的新领域，奠定了中国典制体史书发展的宏伟基础。

在撰述旨趣的方面，杜佑开宗明义地提出"征诸人事，将施有

唐代 "开元通宝" 金钱

政"的编写旨趣，并且把编纂《通典》变成实现其"将施有政，用义邦家"政治目标的途径，也是杜佑"以富国安人之术为己任"的生动写照，难怪有识者见到《通典》，就知其必登公辅之位。从某种程度上讲，《通典》的旨趣也是杜佑的施政纲领，他针对一些士大夫"多主于规谏而略于体要"的现状，提出"颇探政理，窃究始终"的见解，主张从制度上"探讨礼法刑政"，从体制上寻找经邦致用之道。自认为颇详《通典》旨趣的唐人李翰，在为此书作序时说道："今《通典》之作，昭昭乎其警学者之群迷钦！以为君子致用在乎经邦，经邦在乎立事，立事在乎师古，师古在乎随时。"在李翰看来，杜佑立言将致用于立事，立事在于建功立业，这种建功立业可以是他自己，也可以是他人或后世政治家，这种理解也算是对杜佑经邦致用旨趣的新诠释。

关于杜佑《通典》在史学思想方面的成就，很多学者都进行了分析研究，瞿林东已从经济思想、人才思想、吏治思想、法制思想、军事思想、民族思想等方面进行了深入细致的研究。其实，杜佑的各种思想是浑然一体的，

"征诸人事，将施有政。夫理道之先在乎行教化，教化之本在乎足衣食……夫行教化在乎设职官，设职官在乎审官才，审官才在乎精选举，制礼以端其俗，立乐以和其心，此先哲王致治之大方也。故职官设然后兴礼乐焉，教化隳然后用刑罚焉，列州郡俾分领焉，置边防遏戎敌焉"。他在《通典》的创作过程中形成了一个体系，各种思想就成为这个体系的脉络，史学方法成为其血液，经世致用的旨趣就是其灵魂，对于独创的追求是保持其生命力的总源泉。唐人符载在《淮南节度使灞陵公杜佑写真赞（并序）》中，对杜佑及其《通典》的评价极高："深研著述，号为《通典》，大抵自开辟旁行，至乎历代，有兵食、财赋、职官、礼乐，交关于当世者，莫不摘拾其英华，渗漉其膏泽，截烦以趣约，裁疏以就密。"正是因为他有经世致用的思想，所以"其有览之者，如热得泽，如饥得食"。也正是追求"立言垂范""经代立言"的创作动机，让他在立言与立功之间找到了一条通途，尤其是他提出的"随时立制，遇弊变通"的思想，也是连接历史与现在的通途，至今都有借鉴意义。

第五节　刘知几与《史通》

唐代的史学成就不仅表现在编纂了一批当代史书和前代史籍，也表现在史学编纂方法和古代史学理论的觉醒。刘知几撰写的《史通》既是唐人总结史书得失和史学编纂方法的集大成之作，也是中国古代史学发展史上的重要里程碑。

《史通》分成内、外篇。内篇有39篇，阐述史书的源流、体例和编撰方法；外篇共13篇，讨论史官建置、史书得失和讥评古今。其中内篇之《体统》《纰缪》《弛张》三篇北宋时编撰《新唐书》时就已亡佚，流传下来的只有49篇，分成20卷。

刘知几弱冠进士及第，通览群史，屡任史职。其时唐代史馆处于活跃期，屡有著述活动。刘知几或参撰或主撰，在某些编撰任务中扮演重要角色。如《唐会要》卷六三《修国史》记开元四年（716），修史官刘子元、吴兢撰《睿宗实录》20卷、《则天实录》30卷、《中宗实录》20卷成，

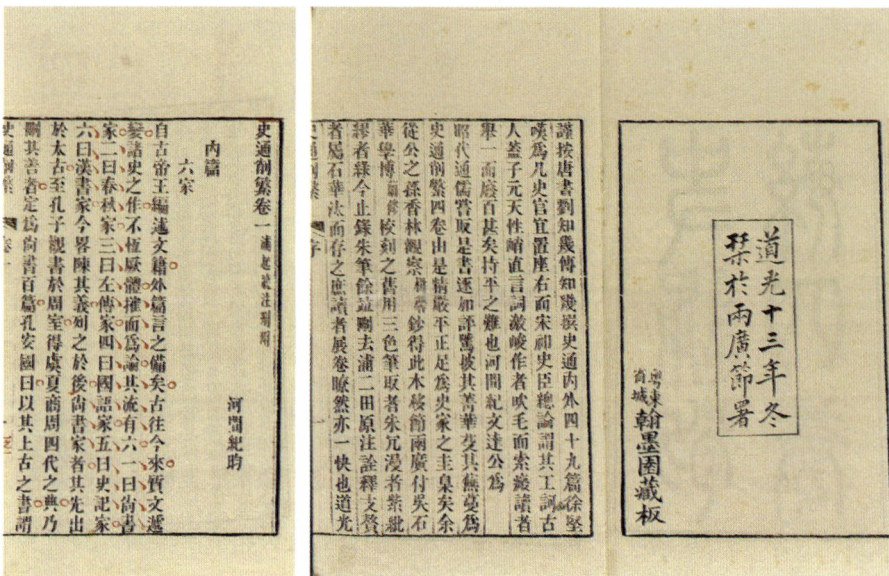

清代刊本《史通削繁》

以闻。实际上，据宰相姚崇奏："史官刘子元（即刘知几）、吴兢等撰睿宗实录，又重修则天、中宗实录，并成，进讫。"由此可知，刘知几参与了《则天实录》的初修和重修，以及《睿宗实录》的编修、《中宗实录》的重修。此外，他还预修《三教珠英》《文馆词林》《姓族系录》，论《孝经》非郑玄汴、《老子》无河上公注，修《唐书》《实录》，皆行于代，有集30卷。此处提及刘知几修《唐书》《实录》，《实录》已如上所述，《唐书》的情况不得而知，幸而《史通·古今正史》中记载："长安中，余与正谏大夫朱敬则、司封郎中徐坚、左拾遗吴兢奉诏更撰

《唐书》，勒成八十卷。神龙元年，又与（徐）坚、（吴）兢等重修《则天实录》，编为三十卷。"刘知几参与修撰的《唐书》也有称之为《唐史》者，如《唐会要》卷六三《修国史》记长安三年（703）："司封郎中徐坚、左史刘知几、直史馆吴兢等，修《唐史》，采四方之志，成一家之言，长悬楷则，以贻劝诫。"二者虽记一事，但互有不同，不知谁是，俟考。不管刘知几等人修撰的是《唐书》还是《唐史》，就凭上述罗列的清单，均可证明刘知几的撰史成就突出。值得一提的是，他的成绩大多是在两京完成，特别是武周之后，多于长安撰成。据《史通原序》记："属大驾还京，以留后在东都。无几，驿征入京，专知史事，仍迁秘书少监。" 唐中宗即位后，刘知几在东都只停留了很短时间就被调入长安，参与修史工作。他在自述《史通》之得名时，说："予既在史馆而成此书，故便以《史通》为目。且汉求司马迁后，封为'史通子'，是知史之称通，其来自久。"提及《史通》撰写时间是在他入长安后任职史馆期间。在《史通·自叙》中，他又说："及今上即位，又敕撰《则天大圣皇后实录》，凡所著述，尝欲

唐代李思训《长安宫阙图》

行其旧议。而当时同作诸士及监修贵臣，每与其凿枘相违，龃龉难入……虽任当其职，而吾道不行；见用于时，而美志不遂。郁怏孤愤，无以寄怀。必寝而不言，嘿而无述，又恐没世之后，谁知予者。故退而私撰《史通》，以见其志。"说明他是在返回长安后，有感于史馆监修官多且对修史工作横加干涉，导致史官著述难成的情况，决意辞去史职，私撰《史通》，以明其志。故《史通》无论是撰写过程还是得以成书，都与西京长安有密切关系。

作为成就卓著的史学家，刘知几有丰富的修史经验，也逐渐形成独特的史观和史学思想，撰写《史通》意味着他将总结史书编纂理论的想法付诸实践。宋人晁公武《郡斋读书志校证》卷七说："乃以前代书史，序其体法，因习废置，掇其得失，述作曲直，分内、外篇，著为评议，备载史策之要。"晁氏将此书归入史评类是准确的。而陈振孙在《直斋书录解题》中将其归入文史类就显得有点不得当，因为《史通》的内容以评议为主，主要有四方面内容：一是清理史之源流支脉，如《六家》《二体》《古今正史》《史官建置》；二是着重探讨撰史体例和体裁，如《本纪》《世家》《列传》《表历》《书志》《论赞》《序例》《题目》《断限》《编次》《称谓》《体统》等；三是总结史书编撰方法，如《采撰》《载文》《补注》《因习》《邑里》《言语》《浮词》《叙事》《书事》《人物》《辨职》《烦省》《五行志错误》《五行志杂驳》等；四是昌明修史原则和史家基本素养，如《直书》《曲笔》《鉴识》《品藻》《核才》《杂述》《探赜》《点烦》《暗惑》《忤时》《杂说》等。《史通》完成后，深为当时有识者所称道，唐代文坛巨擘徐坚已经发现《史通》对修史和撰史工作的价值，曾大加赞誉："居史职者，宜置此书于座右。"

　　除了《史通》之外，刘知几的史家"三才说"更是家喻户晓，《旧唐书》卷一〇二《刘子玄传》记载他有言：

"三长，谓才也，学也，识也。夫有学而无才，亦犹有良田百顷、黄金满籝，而使愚者营生，终不能致于货殖者矣。如有才而无学，亦犹思兼匠石，巧若公输，而家无梗楠斧斤，终不果成其宫室者矣。"此论甫出，赞同之声不绝于时。实际上，"三才说"是刘知几长期思考撰史理论和方法的结果，也是《史通》思想体系的核心，是将史书内容、体例、体裁、方法、原则高度浓缩。如史才方面，《史通》主张良史之才应该善恶必书，不虚美、不隐恶，当秉持书法不隐、据事直书之原则，提出了信史的原则。史学方面，《史通》认为史家不仅要博闻多识、疏通知远，也应该善序事理，文质相当。史书叙事争取达到言近而旨远，辞浅而义深，他认为："夫国史之美者，以叙事为工，而叙事之工者，以简要为主……文约而事丰，此述作之尤美者也。"史识方面，《史通》提到载言纪事以成独断之学，属词比事以垂示将来，要达到这样的境界，史官不仅要长于著书，达于史体，更要以独见之明，有错综之识，举重以明轻，略小而存大，成就不刊之业。他在《自叙》中坦言："盖谈经者恶闻服、杜之嗤，论史者憎言班、马之失，而此书多讥往哲，喜述前非。获罪于时，固其宜矣。"他不仅议论六家二体之优劣，也批评前哲旧史的缺点，这些特点说明他撰写《史通》志在总结历史撰述中的得失利弊，突显了他的史学批评意识。《史通》的出现，意味着唐代史学成熟到自我反省的自觉阶段，进一步丰富了中国古代关于"良史"和"信史"的内容。

第六节　李吉甫与《元和郡县图志》

《元和郡县图志》又名《元和志》，作者为唐代名相李吉甫，成书于唐宪宗元和八年（813），次年又有增补。原书40卷，另有目录2卷，总42卷。它以贞观十三年（639）规划的十道为纲领，配合当时的47镇，每镇一图一志。分镇记载府、州与属县的等级、户、乡的数目，四至八到的方里，开元、元和的贡赋，以及沿革、山川、盐铁、垦田、军事设施、兵马配备等。图的部分，在北宋时已经亡佚了，而志的部分，在南宋淳熙三年（1176）首刻

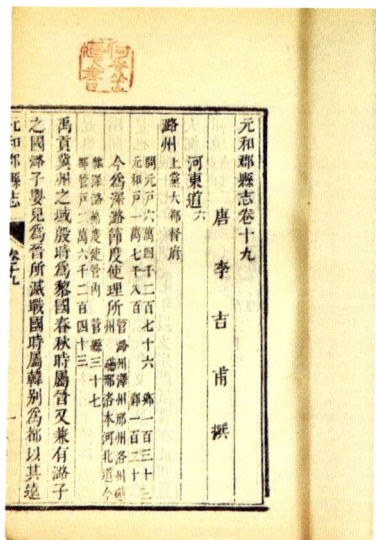

清代乾隆年间刻本《元和郡县图志》

时已有缺佚，大体上还保持 42 卷之数，宋以后目录亡佚，又缺第 19—20、23—24、35—36 卷，即河北道、山南道、淮南道、岭南道的相关州县缺载，今天流传下来的只有 34 卷了。

《元和郡县图志》的问世虽是作者出于政治目的和现实功利的考量，但也是唐代疆土广大的集中反映。本书立根于山川险易关乎国家之安危，将志书的地位提高到了前所未有的地位，代表唐代地理总志的最高水平，因为自魏晋以来的地理总志中，《元和郡县图志》不仅是流传下来最古的一部，同时从质量上看也是最为优秀的一部，价值最高，资料最丰富，记述最广泛。

首先，《元和郡县图志》一直被认为是我国现存最早的较完整的地理总志，我国历代官方都对地方志及其编修十分重视，其数量也很多，约占全部古籍的十分之一。不过，唐代以前的地方志则存者寥寥。《四库全书总目提要》卷六八《史部·地理类一》中认为：舆记图经，隋唐志所著录者，率散佚无存，其传于今者，惟此书为最古，其体例亦为最善。后来虽递相损益，无能出其范围。今录以冠地理总志之首。将《元和郡县图志》冠以"地理总志之首"。

其次，从内容上看，翔实丰富、全面可靠。尽管唐宪宗时黄河南北有 50 多个州被藩镇所割据，川西也沦于吐蕃，而《元和郡县图志》中仍以"十道"分篇，在援引丰富翔实的文献资料的基础上，梳理各地古今地理称谓的变异，勾勒出其历史变迁、行政建置与重大战争的大体轮廓，并表达出了独到见解。"四至八到"将各个地方交通状况、与邻近州郡之间的关系都进行了清楚表述，贡赋、山川、名胜古迹、风物特产都在其记述之列。《元和郡县图志》对于人们了解当时全国形势、各地沿革变迁、户口变动、物产分布、交通状况以及相关的史实，具有重要的参考意义。同时，《元和郡县图志》的作者李吉甫本身史地知识渊博，著述颇丰，又系当朝宰相，所依据的资料多是官府档案，资料更加真实可靠有依据。

再次，从体例上看，《元和郡县图志》受到隋唐编撰地理总志之风的影响，如崔绩等《区宇图志》、郎茂《州郡图经》、庾季才《地形志》、李泰《括地志》、贾耽《贞元十道录》和《皇华四达记》等地志的影响，在某些方面又超越了前者，如收载兵饷山川、攻守利害之资料，显示作者志在治邦靖边的思想；而条载沦陷之地，更表明李吉甫志在收复的雄心壮志，反映李吉甫明确的经世致用态度，成为后来地志编撰的楷模，如《太平寰宇记》等书就多有借鉴。

最后，《元和郡县图志》所体现的地方志编纂思想对后人产生了重要影响。在该志原序中，李吉甫历陈各家地理书之弊端，指出"尚古远者或搜古而略今，采谣俗者多传疑而失实，饰州邦而叙人物，因丘墓而征鬼神，流于异端，莫切根要"，并且"写丘壤山川，于攻守利害皆略而不书"。由此我们可以看出，李吉甫是反对当时地方志编修中重古轻今、传疑失实的做法的，说明了此书略古重今、服务现实的编纂思想。在地方志编纂中，如何处理好古与今、详与略的关系，是一个十分重要的命题。略古而详今既能保证资料的丰富性，更有利于实现真实可靠。"详今略古"之后渐次成为编修地方志的传统和基本原则。

此书以经世致用为导向，对当时的兵要厄塞和军事攻守利害也一一载明，为当朝皇帝宪宗削藩镇提供了极为方便实用的依据。这是与其编纂的初衷和目的相一致的，表明此书既有地理价值，在巩固中央政权中也发挥了作用，向后来的地方志编著者提出了另一编著思想——经世致用。

作为地理名著，李吉甫的《元和郡县图志》在古代舆地之学中起到承前启后的作用，又表现出明显的经世致用思想。承前，因它是对前代地理学著作的继承和发展；启后，无论在体例、体裁上还是取材、用典上都影响到后世，成为唐宋四大地理总志之首。尤其是李吉甫从"经世致用"之角度，提出述古叙事以成当今之务的编纂思想，为后来编修地志者所继承和发扬；有些舆地方法，直到现代地理学兴起之前始终是历代地理学著作所遵循的典范。

第七节　编修《会要》

唐代长安史学成就异彩纷呈，从编撰体例的角度看，唐代两次修撰《会要》标志着"会要体"的问世，为丰富中国古代史学编纂体裁做出了贡献，也属于唐朝史学的创新之一。实际上在五代后周时，窦俨就将《会要》和《通典》、《大唐开元礼》视为圣教之经制。此后，经北宋王溥编撰后，"会要体"的史学体裁地位无可动摇。

众所周知，王溥撰《唐会要》百卷，是历代会要最早的一种。北宋建隆二年（961），监修国史王溥进上《新编唐会要》100卷，其特点是以类相从，类下设小目，文简理备。得到官私认可，藏于史馆。虽说《唐会要》由宋人王溥编撰而成，但唐人苏冕之《会要》40卷、崔铉编撰的《续会要》40卷在先，而王溥编撰《唐会要》的经过，就是在唐人两次所修《会要》的基础上，先搜集宣宗以降的材料，再补充武德到大和年间前书的阙漏，最后与苏、崔之《会要》合成一书，名《新编唐会要》，以示与唐修

《会要》之别。此书编成后，王溥又采朱梁至周为30卷，名《五代会要》。由于《唐会要》和《五代会要》都是在既成体例的基础上编撰，故需介绍唐人两次修《会要》的经过。

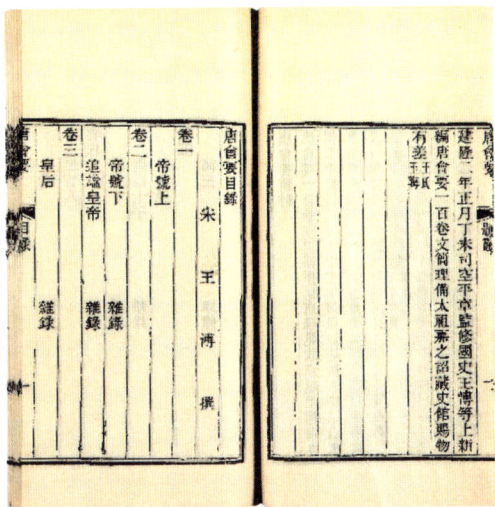

清代刻本《唐会要》

　　第一次编修《会要》的经过史书记载不够具体，并且还存在一些抵牾，如《唐会要》记贞元十九年（803），杭州刺史苏弁撰《会要》40卷。因为苏弁是藏书家，私家藏书与国家藏书不相上下，所以苏弁能与其兄苏冕搜集国朝故事编成此书。但谁是编撰《会要》的主撰？是苏弁还是苏冕？有不同的说法。《唐会要》记苏弁为主，其他史籍却记以苏冕为主。今本《唐会要》各卷中保留有编者评议多处，详见下表：

今本《唐会要》评议统计表

形式	苏冕曰	苏冕驳曰	苏氏驳议曰	苏氏曰	苏氏驳曰	苏氏记曰	苏氏议曰	议曰	崔氏曰
次数	1	1	1	4	10	3	4	2	2

通过统计，除去 4 条无关者，24 次评议仅有 2 次为苏冕，其他如果不是苏冕，就可能是苏弁，如果分析不错，则苏弁评议达到 22 次，明显居于主要地位。这些评议中，关于御史台就有 3 次，都以"苏氏驳曰"的形式出现，可能与苏弁"拜监察御史，历三院"之经历有关，故此次编修应以弟苏弁为主，兄弟合作而成。他们二人所编修的《会要》，系会要体作为史书编撰体例的首次问世，证明会要体的发凡起例之功应属于苏氏弟兄。但因为苏氏《会

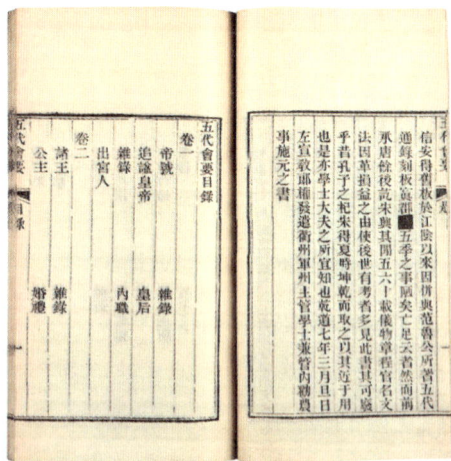

清代刻本《五代会要》

要》只记高祖至德宗朝之事，对于有唐一朝之历史进程来说，不具有完整性，故德宗以后之事留待重修。

第二次编修工作由私修改成官修，唐宣宗大中七年（853），时任宰相的崔铉奏进《续会要》40卷，参与此次编修的人员很多，杨绍复、裴德融、崔瑑、薛逢、郑言、周肤敏、薛廷望、于珪、于球等都参加了编撰。此次修撰《续会要》既有监修官，又有修撰官，完成后奏进于上，还由皇帝赐物奖赏，均说明其官修的性质。此次编修主要记录德宗以后至大中六年事迹，补苏冕前录之缺。遵循苏氏开创的会要体结构，组织史官搜集、整理相关史料。有趣的是，此次编修《续会要》不在史馆，而在宏文馆内。修撰所用时间也不长，始修时间可能距大中六年不远，或稍早一些，其完成时间为大中七年。

对于第二次修撰《会要》的时间，还有两种错误记载。如记成书时间在大顺七年，此说明显有误，因为唐代"大顺"的年号属于唐昭宗，只有二年，并无七年，大顺当为大中之误。又宋人陈振孙《直斋书录解题》和李焘《续资治通鉴长编》都记崔铉修《续会要》40卷在唐武宗朝，也是错误的。

因为有了前两次的基础，宋初王溥第三次修撰《唐会要》就显得轻而易举，因成书于宋太祖建隆二年（961），不在本书关注之范围，但因王溥是在前两次《会要》修撰的基础上成书，故略加提及。

实际上，王溥之前《会要》就受到很多人重视，窦俨于后周显德四年（957）奏文中提及《会要》，他说："录一朝之事，包五礼之仪，义类相从，讨寻不紊，则有《会要》在。"将《会要》与《通典》、《大唐开元礼》视为三部治国大典。唐人段公路在《北户录》中多次提及《会要》，因段公路之《北户录》约为唐末咸通后写成，故所提《会要》或指苏氏《会要》，或指崔氏《会要》，都证明王溥集成《唐会要》之前，时人已重视此类书。且王溥的编集成书也是欣赏《会要》的最典型事证。如前所述，王溥撰成的《新编唐会要》达100卷，从卷数上要超过前两个版本，为此他不仅要搜集宣宗以后的唐代史料，还需要补前修《会要》之不足，最后才合成全书。《新编唐会要》编成后备受重视，时论认为此书文简理备。宋太祖很欣赏，下诏将其藏于史馆，赐物以示奖励，以后凡国有大典必稽焉。到清代四库馆臣仍给予很高评价："书凡分目五百十有四，于唐代沿革损益之制，极其详核。"这些都说明无论是《唐会要》的体例还是其史料价值，都受到学者认同和赞赏。《唐会要》成书后两年，王溥又依《唐会要》的体例编修《五代会要》30卷，记载自后梁开平至后周显德年间事迹。此后徐天麟仿此完成《西汉会要》，各代会要成为一种编撰史书的体裁。

综上所述，会要体的创立应归功于唐人，《唐会要》的成书则应归功于宋人。对于研究唐代历史，《唐会要》史料价值极高，既与其基础是唐人两版《会要》所保存的史料的原始性有关，也与其适合保存专题史料的会要体例分不开。虽说此体例对研究典章制度大有助益，但因其编撰要分目分类，相关史料以类相从，遇有疑惑又加注释，也有编者评议等内容，故给目录分类带来疑难。自《会要》问世以来，其归属也多有纷争，或认为其归属类书，如《新唐书》《郡斋读书志》等；或归入典故类，如《玉海》《直斋书录解题》等；或放入故事类，如《宋史》《文献通考》等；也有认为属于政书类，如《四库全书总目》等。正因为唐人所创之会要体是在旧有编纂体例基础上的一种别出心裁，故原来的划分方法在新体例的《会要》面前就必然会出现无所适从的情况，但不论如何将其归类，会要体的出现属于唐代对史学发展的贡献，因为此书前两次的编修在长安完成，故也可认为是长安对史学发展做出的贡献。

第三章

繁荣的文学

第一节 诗 歌

唐代文人学者云集海聚，统治者偃武修文，科举以文学取士，学者以文会友，六尺童子耻不言文墨，甚至杜牧有"千首诗轻万户侯"之说，都反映出唐代文学创作与传播的良好氛围，也是唐代文学取得极大成就的原因之一。唐代文学可谓丰富多彩，而其中尤以诗歌、传奇小说、俗文学、变文等最具特色，词的创作也潜滋暗长，经五代至宋终于成长为文学领域中的一朵奇葩。这些成就的取得，或以长安为创作中心，或以长安为传播中心，其成就均与都城长安有着千丝万缕的联系。著名学者霍松林说："唐诗是我国诗歌发展的高峰，唐都长安则是唐诗发展的主要基地。"诚哉是言。

唐代韩滉《文苑图》

　　唐代诗歌创作盛况空前，形成"文人多写诗，诗情即才情"的景象。清代编《全唐诗》收录了2200多位诗人的近5万首诗歌，虽然与有唐三百年实际所创作的诗歌相比，可能只是九牛一毛，但也足见唐诗之于当时文学之地位，言唐代为中国古典诗歌史上之黄金时代也并不为过。

　　隋代诗歌受南朝浮艳绮丽之风和北朝质朴刚健之风的影响，时人有言："江左宫商发越，贵于清绮；河朔词义贞刚，重乎气质。气质则理胜其词，清绮则文过其意。"

南北诗风随着隋朝的统一逐渐合流，如庾信在南朝诗风清绮、浮艳之时，出使北朝，在长安生活多年，诗风一变而为"凌云健笔意纵横"，以至于"暮年诗赋动江关"，成为传递南北学风的关键性人物。此外隋代出现了一些有名气的诗人，如薛道衡、卢思道、虞世基、杨素、杨广等。诗人们虽善写宫体诗，但也创作一些新风格的诗作，较南朝之诗风多了些雄浑，比北朝之诗风添加了明朗，改变了"连篇累牍，不出月露之形，积案盈箱，唯是风云之状"的风气。如薛道衡有《出塞》《昔昔盐》等诗作，后者属乐府，其中有"暗牖悬蛛网，空梁落燕泥。前年过代北，今岁往辽西。一去无消息，那能惜马蹄"之句，不仅褪去了绮丽的外衣，诗的境界也开阔了，内容充实了，传诵一时，甚至引起同是诗人的隋炀帝杨广的嫉妒。后来，在杀掉薛道衡后，杨广曾下意识地说了一句："还能作'空梁落燕泥'否？"薛道衡作诗之名声曾经传到陈朝，《隋唐嘉话》记："薛道衡聘陈，为人日诗云：入春才七日，离家已二年。南人嗤之曰：是底言，谁谓此虏解作诗。及云：人归落雁后，思发在花前。乃喜曰：名下固无虚士。"除薛道衡之外，王胄也有诗名，"庭草无人随意绿"曾讽咏一时。

唐代长安诗歌是诗坛最具活力和最富创意的代表，有明显的地域特点，也引领全国诗风。长安得唐代诗歌创新高峰之天时，占都城文化枢纽之地利，有关中文学士族之人和，兼之云集京城之全国诗人群体，相互交流切磋、角逐争胜，使得唐都长安成为诗人的精神家园，唐诗成为长安文化的主力军。长安是唐代诗人歌咏的主要对象，也是都—君—国三位一体的文化符号，是唐代大多数诗人理想的精神寄托之所。霍松林认为唐朝全国诗人云集长安，南北诗风交融互补，逐渐形成以雄阔健举为基调的唐诗风格；随着诗人云集长安，触景生情，写出数千篇歌咏长安的精美诗作，长安因此而驰誉万国，深入人心。因此，无数诗人产生挥之不去的"长安情结"，他们来长安则欣喜，去长安则失落，发出"生作长安草，胜为边地花"之感叹，那些不能如愿者难免有"长安不见使人愁"之困惑。

初唐诗人的代表人物有初唐四杰，即王勃、杨炯、卢照邻、骆宾王，都曾有抒写长安之诗。王勃的代表作有《滕王阁序》和《滕王阁诗》，其《送杜少府之任蜀州》更是家喻户晓："城阙辅三秦，风烟望五津。与君离别意，同是宦游人。海内存知己，天涯若比邻。无为在歧路，儿女共沾巾。"与友人的离别让王勃心生无限惆怅，他用诗歌将离愁别绪这种人之常情变成千古绝唱。杨炯的代表作有《战城南》等，而《从军行》尤其著名："烽火照西京，心中自不平。牙璋辞凤阙，铁骑绕龙城。雪暗凋旗画，风多杂鼓声。宁为百夫长，胜作一书生。"卢照邻的代表作有《雨雪曲》《陇头水》等，他的《长安古意》云："长安大道连狭斜，青牛白马七香车。"认为长安道是实现人生理想的大道。骆宾王的代表诗有《晚度天山有怀京邑》《夕次蒲类津》《于易水送人》等，他的《帝京篇》云："山河千里国，城阙九重门。不睹皇居壮，安知天子尊？"上述诗歌都有对长安景物的描述。他们不借门第而是凭才华享誉诗坛，不仅扩大了诗歌的表现内容，也在诗歌的艺术形式创新上做出贡献，一反此前诗坛绮丽萎靡之貌，面向广阔的社会生活，写出自己渴望建功立业的豪情壮志，感叹人生的悲欢离合，使诗歌题材从亭台楼榭走向江山漠野，开启了一代诗风。《新唐书·文艺传》载："（王）勃与杨炯、卢照邻、骆宾王皆以文章齐名，天下称'王杨卢骆'，号'四杰'。（杨）炯曰：'吾愧在卢前，耻居王后。'议者谓然。"当时社会上形成了以文章、诗作论资排名的社会风气。

从初唐向盛唐的过渡，陈子昂成为诗风转变的里程碑，他有感于被齐梁纤弱绮靡诗风所笼罩之初唐诗坛，鲜明地提出文学革新的主张。他在《修竹篇序》中写道："文章道弊五百年矣。汉魏风骨，晋宋莫传，然而文献有可征者。仆尝暇时观齐梁间诗，彩丽竞繁，而兴寄都绝，每以永叹。思古人常恐逶迤颓靡，风雅不作，以耿耿也。"此文表明陈子昂诗歌创作的态度，也是唐代诗界革命的檄文。陈子昂反对六朝以来靡丽空洞的诗风，强调诗歌应该反映现实生活内容，为此他写出了《感遇诗三十八首》《登幽州台歌》《蓟丘览古赠卢居士藏用七首》等诗。如《感遇诗三十八首·三十七》有："朝入云中郡，北望单于台。胡秦何密迩，沙朔气雄哉。藉藉天骄子，猖狂已复来。塞垣无名将，亭堠空崔嵬。咄嗟吾何叹，边人涂草莱。"诗

唐代懿德太子墓《阙楼图》

歌反映出当时边疆危机的严重性。其时他随军征讨契丹，常欲奋身效力，数次进议均不被主帅采纳，因登蓟城北楼，感叹乐毅、燕昭王之事，乃泫然流涕而歌："前不见古人，后不见来者，念天地之悠悠，独怆然而涕下。"以慷慨悲凉之笔调写出诗人怀才不遇之心境，反映诗人的思想和情感，正所谓诗以言志、不平则鸣。其诗作不再停留于歌功颂德和吟风弄月，记现实内容，写真情实感，具有鲜明的现实主义和积极浪漫主义精神，改变了初唐艳丽纤弱之弊，开启盛唐朴素雄健的诗风。其辞旨幽远，一扫六朝弊习，以高明之见，首唱平淡清雅之音，力排雕镂凡近之气，齐梁浮靡诗风至陈子昂洗刷殆尽，对以后著名诗人李白、杜甫、白居易都有很大的影响。唐人李阳冰在《草堂集序》说："陈拾遗横制颓波，天下质文翕然一变。"再经李白之努力，梁陈宫掖之风扫地以尽。唐人梁肃在《补阙李君前集序》中说陈子昂文章"以风雅革浮华"。王运熙注意到陈子昂的散文对古文运动中韩愈、柳宗元的影响，认为在转变风气上，他也是韩柳古文运动的先行者。

盛唐时期的诗坛名家辈出，群星璀璨，流派纷呈，涌现出如王昌龄、王之涣、高适、王维、孟浩然、岑参、李白、杜甫等天纵奇才，将诗歌创作推向高潮。其中王昌龄、高适、王之涣的边塞诗反映将士守卫边疆的社会内容。《集异记》有一则故事：开元中，诗人王昌龄、高适、王之涣齐名。一日，三人共到旗亭小饮，忽有梨园伶官十数人登楼会宴，不一会儿，奏乐吟唱始作。三人商量以伶官所唱之诗相较，唱多者胜出。先是一伶官唱王昌龄诗，接着一伶官唱高适诗，又有伶官唱王昌龄诗。王之涣情急之下说，诸伎最佳者当吟我诗，如非我诗，我终身不敢与子争衡。结果，妙龄美伎一声，大家都笑了，正是他的《凉州词》："黄河远上白云间，一片孤城万仞山。羌笛何须怨杨柳，春风不度玉门关。"这则故事正是诗歌与唐代长安社会生活关联性的写照。王昌龄代表诗有《塞下曲》《出塞》《从军行》等。王之涣也有《从军行》《出塞》，尤其是他的《登鹳雀楼》更是家喻户晓。高适有《燕歌行》《塞下曲》《行路难》等诗歌。其《别董大》有："十里黄云白日曛，北风吹雁雪纷纷。莫愁前路无知己，天下谁人不识君。"成为赠别诗中引用率最高的诗篇之一。其《九曲词三首·三》："铁骑横行铁岭头，西看逻逤取封侯。青海只今将饮马，黄河不用更防秋。"更是将边塞决战写入诗歌，与《燕歌行》中"校尉羽书飞翰海，单于猎火照狼山。山川萧条极边土，胡骑凭陵杂风雨。战士军前半死生，美人帐下犹歌舞。大漠穷秋塞草衰，孤城落日斗兵稀"，都极力描写边疆危机下的军营生活，以青海饮马和孤城落日之豪迈，衬写边塞生活之艰难困苦。

王维擅长山水诗、田园诗、边塞诗和应制诗，其山水诗有《山居秋暝》《汉江临泛》等，其田园诗有《归辋川作》《辋川别业》《渭川田家》等，也有边塞诗如《出塞》《从军行》等，其应制诗多为奉和应制而作，平淡无奇者居多，但《扶南曲》例外。代表其诗之成就者，如《辋川集》，将辋川别业之二十景，一景一诗，其中如《鹿柴》："空山不见人，但闻人语响。返景入深林，复照青苔上。"词浅意重，语少境深，被历代万口传诵。与此类似者，还有《使至塞上》之"大漠孤烟直，长河落日圆"，将边塞雄迈之气势尽现笔端。《九月九日忆山东兄弟》之"独在异乡为异客，每逢佳节倍思亲"，写尽了离乡客之真情实感。而他的乐府绝句更以优美动人得名，如《渭城曲》："渭城朝雨浥轻尘，客舍青青柳色新。劝君更尽一杯酒，西出阳关无故人。"此诗本为送友元二出使安西而作，后被之以歌弦，成为乐府之佳作，传唱不绝，又称阳关三叠。直到中唐以后的刘禹锡《与歌者何戡》有言："旧人唯有何戡在，更与殷勤唱渭城。"而白居易《对酒五首·四》言："相逢且莫推辞醉，听唱阳关第四声。"依然对此曲情有独钟。特别是王维后期的田园诗在山野自然之美中透出无限禅意，如《送綦毋秘书弃官还江东》："秋天万里净，日暮澄江空。"《汉江临泛》："江流天地外，山色有无中。"寓景于净空，别色于有无，既有诗意又有禅韵，是诗歌，也是偈言。

王维诗歌创作也热衷于为帝都长安传神写照，他的长安诗作带有浓重的皇家风范和超然物外的宗教情怀，既赞美长安自然景观的美质神韵，又赋予长安冲淡渊雅的文化气度，属于盛世之音。如《和贾舍人早朝大明宫之作》："九天阊阖

唐代王维《江山雪霁图》

开宫殿，万国衣冠拜冕旒。"又如《奉和圣制从蓬莱向兴庆阁道中留春雨中春望之作应制》中"云里帝城双凤阙，雨中春树万人家"等。故王维是盛唐文化的杰出代表，是京城诗人的核心人物。

岑参亲自到过安西、北庭，有边地生活经历，代表作有《白雪歌送武判官归京》《天山雪歌送萧沼归京》《走马川行奉送出师西征》等。脍炙人口的《白雪歌送武判官归京》："北风卷地白草折，胡天八月即飞雪。忽如一夜春风来，千树万树梨花开。……轮台东门送君去，去时雪满天山路。山回路转不见君，雪上空留马行处。"写边地八月早寒与雪树成淞。《走马川行奉送出师西征》记："轮台九月风夜吼，一川碎石大如斗，随风满地石乱走。匈奴草黄马正肥，金山西见烟尘飞，汉家大将西出师。"记守边将士在恶劣环境下奋身卫国。又《轮台即事》："蕃书文字别，胡俗语音殊。"《奉陪封大夫宴得征字时封公兼鸿胪卿》："座参殊俗语，乐杂异方声。"又记边塞风俗民情有异域情调。岑参用诗歌记载雄奇瑰丽的边塞风光的同时，也记录了边疆风云、将士生活，推动了边塞诗的发展。

　　盛唐诗人用诗歌宣传唐代文化，自觉不自觉地为盛世代言，盛唐诗歌所呈现出的气质推高盛唐气象，使得盛唐气象既雄浑又博雅。严羽《沧浪诗话》说："盛唐诸人，唯在兴趣，羚羊挂角，无迹可求。故其妙处，透彻玲珑，不可凑泊。如空中之音，相中之色，水中之月，镜中之象，言有尽而意无穷。"自然是内行之说。

　　唐代诗歌无法回避李白和杜甫，或称为诗仙，或称为诗圣，时人有"李杜"之说，甚至"李杜"成为一种文化符号。韩愈《调张籍》诗有曰："李杜文章在，光焰万丈长。"清人赵翼诗曰"李杜诗篇万口传"，用自己独特的方式承认唐诗领域中双星同辉的格局。

　　诗仙李白创作了大量诗歌，传世者就达900多首。他才气横溢，其诗歌境界博大，气势恢宏。"兴酣落笔摇五岳，诗成笑傲凌沧洲。"属于盛唐文化和长安诗坛的杰出代表。其所作诗歌激情洋溢、挥洒自如，留下大量朗朗上口的千古名篇，如《蜀道难》《将进酒》《梦游天姥吟留别》《黄鹤楼送孟浩然之广陵》《宣州谢脁楼饯别校书叔云》等。虽然李白在长安的时间不长，但他的长安情结是十分明显的，因为他与唐代众多文人一样将走进长安视为自己人生的重要目标，欲凭自己的才能，使寰区大定。只可惜他只争取到天宝初年前后两年多待诏翰林的官职，然后就被赐金还乡，离开长安。但此后，李白身在江湖，情系长安；兼济之志，穷且益坚；长安情结，至死不渝。他通过创作诗歌表达对长安的追忆，如《单父东楼秋夜送族弟沈之秦》："遥望长安日，不见长安人。长安宫阙九天上，此地曾经为近臣。一朝复一朝，发白心不改。"又《与史郎中钦听黄鹤楼上吹笛》："一为迁客去长沙，西望长安不见家。"又《流夜郎赠辛判官》："昔在长安醉花柳，五侯七贵同杯酒。"又《永王东巡歌十一首·十一》："南风一扫胡尘静，西入长安到日边。"又《子夜吴歌》："长安一片月，万户捣衣声。"这些诗作，均是李白长安情结的真心流露。

诗圣杜甫是一个勤奋创作的诗人，一生创作了大量诗篇，流传于世者就有千余首。唐诗到杜甫时代达到鼎盛，尤其是经历了安史之乱的杜甫，亲眼见证了唐朝由盛转衰的历史变化，也成为他的诗歌题材的主体内容。杜甫的诗触物兴怀，缘情类事，词气豪迈，风调清深。唐人元稹评价："尽得古今之体势，而兼人人之所独专矣……诗人以来，未有如子美者。"在安史之乱前，杜甫在长安生活多年，写出《兵车行》《丽人行》《自京赴奉先县咏怀五百字》等名篇，安史之乱后，他又写出《哀江头》《哀王孙》《茅屋为秋风所破歌》《羌村三首》等，以及著名的"三吏""三别"。作为批判现实主义的诗人，杜甫寓事于诗，寓史于诗，较多地反映当时的社会现实。而作为长安诗坛的一员健将，他完成了许多咏颂长安的诗作，如《丽人行》"三月三日天气新，长安水边多丽人"，《哀王孙》"长安城头头白乌，夜飞延秋门上呼"，又《哀江头》"江头宫殿锁千门，细柳新蒲为谁绿"，又《秋兴八首·四》"闻道长安似弈棋，百年世事不胜悲"等。因为其诗中既有国家的衰败，又有战争的灾难、人民的痛苦和官吏的昏聩荒淫，现实生活就是其诗歌题材，重要事件多采纳于诗，善陈时事，律切精深，世号"诗史"。

中唐诗人有大历十才子。《旧唐书·李虞仲传》载：

明代唐寅《临李公麟饮中八仙图》（局部）

"（李）端登进士第，工诗。大历中，与韩翃、钱起、卢纶等文咏唱和，驰名都下，号'大历十才子'。"又《旧唐书·钱徽传》记："大历中，（钱起）与韩翃、李端辈十人俱以能诗出入贵游之门，时号'十才子'，形于图画。"以工诗驰名的十才子活跃在都城长安诗坛，但对十才子的名单多有争议。如《新唐书·卢纶传》给出的名单是：卢纶、吉中孚、韩翃、钱起、司空曙、苗发、崔峒、耿湋、夏侯审、李端等。而《唐诗纪事》又提出一份名单，

114

即卢纶、钱起、郎士元、司空曙、李端、李益、苗发、皇甫曾、耿湋、李嘉祐，多了郎士元、李益、皇甫曾、李嘉祐，少了吉中孚、韩翃、崔峒、夏侯审。甚至还有其他名单，暂置不论。不管是哪个名单，都说明中唐时长安诗坛并不寂寞，十才子诗风略近，交游密切，唱和较多，只是各自取得成就不一。当然，也并不是除此以外就再无诗人，还有号称"五言长城"的刘长卿和号称"陶韦"的韦应物等名手诗杰，但总体上看较盛唐略逊一筹。

唐代李昭道《曲江图》

宪宗以后，唐廷与藩镇战争取得优势，形成所谓的"元和中兴"，诗坛也重新活跃起来，出现了元稹、白居易等为代表的一派诗人，倡导新乐府运动；也出现了以韩愈、孟郊、李贺和贾岛为代表的另一派诗人，追求标新立异、奇崛峻峭的创作风格；还有独立于两派之外、卓然成家的柳宗元和刘禹锡，柳宗元的山水诗古雅淡泊，刘禹锡的民歌《竹枝词》具有浓厚的生活气息。所有这些足以开宗立派的诗人，共同造就了中晚唐诗坛的新气象，其中元稹、白居易诗名相埒，合称"元白"，是这一时期的杰出代表。

116

元稹，字微之，明经擢第，制举对策第一，曾任监察御史、翰林学士、同中书门下平章事等职。元稹不仅在政治上通达，在诗歌创作上也多有佳作，都收在《元氏长庆集》中。其代表作有《连昌宫词》《阴山道》《估客乐》《上阳白发人》《胡旋女》《织妇词》《田家词》等。其中《估客乐》有："求珠驾沧海，采玉上荆衡。北买党项马，西擒吐蕃鹦。炎洲布火浣，蜀地锦织成。越婢脂肉滑，奚僮眉眼明。通算衣食费，不计远近程。经游天下遍，却到长安城。城中东西市，闻客次第迎。……大儿贩材木，巧识梁栋形。小儿贩盐卤，不入州县征。一身偃市利，突若截海鲸。钩距不敢下，下则牙齿横。生为估客乐，判尔乐一生。尔又生两子，钱刀何岁平。"一位因追逐利益遍游天下的商人形象浑然成形，展现出诗所具有的叙述之美。又如《连昌宫词》："连昌宫中满宫竹，岁久无人森似束。又有墙头千叶桃，风动落花红蔌蔌。宫边老翁为余泣，小年进食曾因入。上皇正在望仙楼，太真同凭阑干立。楼上楼前尽珠翠，炫转荧煌照天地。归来如梦复如痴，何暇备言宫里事。初过寒食一百六，店舍无烟宫树绿。夜半月高弦索鸣，贺

老琵琶定场屋。力士传呼觅念奴，念奴潜伴诸郎宿。须臾
觅得又连催，特敕街中许然烛。春娇满眼睡红绡，掠削云
鬟旋装束。飞上九天歌一声，二十五郎吹管逐。逡巡大遍
凉州彻，色色龟兹轰录续。李谟擫笛傍宫墙，偷得新翻数
般曲。平明大驾发行宫，万人歌舞途路中。百官队仗避岐
薛，杨氏诸姨车斗风。"作为行宫的连昌宫，得到唐玄宗
与当时著名艺术家的青睐，杨太真、贺老、念奴、春娇、
李谟等都曾随驾出入其间。但经安史之乱后，宫门紧闭，
日渐荒凉，"两京定后六七年，却寻家舍行宫前。庄园烧
尽有枯井，行宫门闭树宛然。尔后相传六皇帝，不到离宫
门久闭。往来年少说长安，玄武楼成花萼废。去年敕使因
斫竹，偶值门开暂相逐。荆榛栉比塞池塘，狐兔骄痴缘树
木。舞榭欹倾基尚在，文窗窈窕纱犹绿。尘埋粉壁旧花钿，
乌啄风筝碎珠玉。上皇偏爱临砌花，依然御榻临阶斜。蛇
出燕巢盘斗栱，菌生香案正当衙。寝殿相连端正楼，太真
梳洗楼上头。晨光未出帘影黑，至今反挂珊瑚钩。指似傍
人因怆哭，却出宫门泪相续。自从此后还闭门，夜夜狐狸
上门屋"。乱离之后，连昌宫辉煌不再，成为狐、兔、乌、

燕、蛇的乐园，由一宫之落差喻一国之盛衰，达到警示世人之效果，其立意既奇又巧，推重风雅比兴，作诗坦易晓畅。元稹也有诗描述长安事物，如《和乐天秋题曲江》"长安最多处，多是曲江池"，又《梁州梦》"梦君同绕曲江头，也向慈恩院院游"，又《酬乐天登乐游园见忆》"长安隘朝市，百道走埃尘"，《杏园》"浩浩长安车马尘，狂风吹送每年春"，又《第三岁日咏春风，凭杨员外寄长安柳》"殷勤为报长安柳，莫惜枝条动软声"等。

白居易，字乐天，举进士，书判拔萃，应才识兼茂、明于体用科，为翰林院学士。未成名前，曾以文章一编投卷于著作郎顾况。顾况长于为文，但性情浮薄，他人文章都无可意者，然一见白居易之文章，不觉迎门礼遇，还说："见你文章，方知斯文未绝。"白居易是唐代诗歌留存至今为数最多的诗人，多达

白居易像

2000 余首。自己曾分成讽喻诗、闲适诗、感伤诗、杂律诗等。与他齐名的诗友元稹对其评价是："讽谕之诗长于激，闲适之诗长于遣，感伤之诗长于切，五字律诗百言而上长于赡，五字七字百言而下长于情。"其中《新乐府》50 首为众口称誉，递相仿效，甚至成为一时之风尚，称之为元和体。陈寅恪在《元白诗笺证稿》中说："乐天之作新乐府，实扩充当时之古文运动，而推及之于诗歌。"确当之论。陈氏还认为新乐府运动是"吾国中古文学史上一大问题"。白居易诗最有代表性者有《秦中吟十首》《卖炭翁》《观刈麦》《红线毯》《缭绫》《琵琶行》《长恨歌》等，当时就传播于南北各地，家喻户晓，自长安至江南，乡校、佛寺、旅舍、行舟之中，到处都题刻他的诗歌，王公妾妇、牛童马走者之间讽咏不绝。有商人将其诗缮写模勒公开在市场叫卖，或以其诗与酒茶交易，各得其乐。长安有富人欲聘请娼妓，妓人自言：我诵得白学士《长恨歌》，岂同他哉？由是身价倍增。不仅唐朝境内人喜闻乐见，就连境外也慕名争取，一读为快。曾有鸡林商人购求其新诗颇急，自云本国宰相每以百金换白诗一篇，如果是伪诗，宰相也能辨别出来。由此可见其诗的传播和影响程度。白居易倡导了新乐府运动，提出"文章合为时而著，歌诗合为事而作"的诗歌创作原则。白居易的诗善于叙述，语言浅切，通俗易懂。他关注民生疾苦，救济人病，裨补时缺，对当时的社会问题有深刻的认识和批判。白居易诗也有描写长安城者，从中可看到一个诗意长安。如《登观音台望城》中"百千家似围棋局，十二街如种菜畦"成为唐代记录长安布局最简洁的语言。另有《秦中吟十首·买花》："帝城春欲暮，喧喧车马度。"《江南遇天宝乐叟》："新丰树老笼明月，长生殿暗锁春云。"《首夏同诸校正游开元观，因宿玩月》："长安名利地，此兴几人知。"《得微之到官后书备知通州之事怅然有感因成四章·四》："举目争能不惆怅，高车大马满长安。"《山中问月》："为问长安月，谁教不相离？"

刘禹锡，字梦得，进士擢第，任监察御史、屯田员外郎，因参加永贞革新事件被贬朗州司马，年久不调。后回京任主客郎中、礼部郎中、集贤院学士等。刘禹锡的诗文早期与柳宗元齐名，后期与白居易齐名，其诗歌格调悲凉、雄浑苍劲，代表作有《浪淘沙》《金陵五题》《酬乐天扬州初逢席上见赠》等。其中《金陵五题》之一《石头城》："山围故国周遭在，潮打空城寂寞回。淮水东边旧时月，夜深还过女墙来。"之二《乌衣巷》："朱雀桥边野草花，乌衣巷口夕阳斜。旧时王谢堂前燕，飞入寻常百姓家。"之三《台城》："台城六代竞豪华，结绮临春事最奢。万户千门成野草，只缘一曲后庭花。"还有《酬乐天扬州初逢席上见赠》："巴山楚水凄凉地，二十三年弃置身。怀旧空吟闻笛赋，到乡翻似烂柯人。沉舟侧畔千帆过，病树前头万木春。今日听君歌一曲，暂凭杯酒长精神。"

刘禹锡恃才傲物，因参加二王八司马的革新运动被贬为朗州司马，十年后才征还京城。时值满眼春色的季节，刘禹锡没有去拜访执政者，而是去参观玄都观，因为他听说有道士在玄都观里亲手种植无数仙桃，满观灿若红霞。到了那里，他赋诗一首，即《戏赠看花诸君子》："紫陌红尘拂面来，无人不道看花回。玄都观里桃千树，尽是刘郎去后栽。"此诗传开后，执政者以其诗有怨愤，命其出任连州刺史。14年后，刘禹锡方得回京任职主客郎中，他重游玄都观，遂再题《再游玄都观》，诗曰："百亩庭中半是苔，桃花净尽菜花开。种桃道士归何处，前度刘郎今又来。"此时，刘禹锡不再青春年少，也不再意气风发，但他诗人的气质没有任何改变。在贬职期间，刘禹锡并没有一蹶不振，而是专心于文章诗歌创作，朗州的风俗好巫重祀，每祭祀鼓舞，必歌俚辞。刘禹锡乃依骚人之作，为新辞以教巫祝，故武陵谿洞间夷歌，多为刘禹锡之辞。特色鲜明的俚俗民风成为他创作的新源泉和新鲜血液，刘禹锡也用清新之词风为地方风俗注入活力，其中，《竹枝词九首》《竹枝词二首》《杨柳枝词二首》《插田歌》《畬田行》等作品流传于世。《竹枝词二首》其一："杨柳青青江水平，闻郎江上唱歌声。东边日出西边雨，道是无晴却有晴。"其二："楚水巴山江雨多，巴人能唱本乡歌。今朝北客思归去，回入纥那披绿罗。"又有《竹枝词九首》其六、七、八写道：

城西门前滟滪堆，年年波浪不能摧。

懊恼人心不如石，少时东去复西来。

瞿塘嘈嘈十二滩，此中道路古来难。

长恨人心不如水，等闲平地起波澜。

巫峡苍苍烟雨时，清猿啼在最高枝。

个里愁人肠自断，由来不是此声悲。

这些词曲含思婉转、风格清新，吸收了三峡俚歌之风情，充满楚风的新声俚语，既提升了刘禹锡诗歌创作的新境界，也为唐代文学创作注入了新风格。

杜牧，字牧之，宰相杜佑的孙子，进士擢第，又登直言极谏科，累迁左补阙、史馆修撰，牧黄州、湖州，以考功郎中、中书舍人知制诰等。虽然他平生并无出将入相的经历，但他有"千首诗轻万户侯"的诗人气质。其为人不拘细节，有诗为证："落魄江湖载酒行，楚腰纤细掌中轻。十年一觉扬州梦，赢得青楼薄幸名。"同时也轻视功名，其诗有："家在城南杜曲傍，两枝仙桂一时芳。禅师都未知名姓，始觉空门意味长。"在其如日中天之时，他就有隐退之心。其诗文收在《樊川文集》中，代表作有《感怀诗》《华清宫三十韵》《郡斋独酌》《登池州九峰楼寄张祜》《河湟》《赤壁》《泊秦淮》《山行》等。其中《过华清宫绝句三首·一》："长安回望绣成堆，山顶千门次第开。一骑红尘妃子笑，无人知是荔枝来。"又《泊秦淮》："烟笼寒水月笼沙，夜泊秦淮近酒家。商女不知亡国恨，隔江犹唱后庭花。"又《寄扬州韩绰判官》："青山隐隐水迢迢，秋尽江南草未凋。二十四桥明月夜，玉人何处教吹箫。"又如《登池州九峰楼寄张祜》："百感中来不自由，角声孤起夕阳楼。碧山终日思无尽，芳草何年恨即休？睫在眼前长不见，道非身外更何求。谁人得似张公子，千首诗轻万户侯。"他的咏史诗不仅数量多，而且特点鲜明。如《赤壁》："折戟沉沙铁未销，自将磨洗认前朝。东风不与周郎便，铜雀春深锁二乔。"又《题乌江亭》："胜败兵家事不期，包羞忍耻是男儿。江东子弟多才俊，卷土重来未可知。"

李商隐，字义山，自号玉谿生，登进士第，书判拔萃，历佐节度府，遭牛李两党排挤，仕途坎坷，政治上并不得志。唐人陆龟蒙十分惋惜地说：玉谿生官不挂朝籍而死。李商隐博学强记，文思清丽，下笔不能自休，词赋诗

李商隐像

篇之作，冠绝一时，与温庭筠、段成式齐名。文章又深得令狐楚章奏体之要，并加以发扬，有今体章奏之说。也有人把他和杜牧、刘禹锡相比较，认为三人笔力不相上下，都工律诗，七言尤美。但李商隐多奇趣，杜牧专事华藻，刘禹锡有高韵，各有优劣。

早年李商隐得令狐楚之助力登第成名，却入河阳节度使王茂元幕府，令狐、王二人分属牛李二党。令狐楚遂深憾其事，后其子令狐绹当国，李商隐归穷自解，屡启陈情，令狐绹因憾不省。时逢重阳节，李商隐趋府拜谒令狐绹，又不得见。一怒之下他就于屏风上留诗一首，诗曰："曾共山翁把酒时，霜天白菊绕阶墀。十年泉下无人问，九日樽前有所思。不学汉臣栽苜蓿，空教楚客咏江蓠。郎君官贵施行马，东阁无因再得窥。"（《九日》）题毕决然离去。令狐绹惭愧之余，令人锁闭其厅，终身不入。李商隐政治上怀才不遇难有建树，但诗歌方面却是成就非凡，其诗歌收于《李义山集》，代表作有很多无题诗，也有不少咏史诗，还有一些政治诗。

无题诗成为李商隐诗歌最独特之处，如《无题》："相见时难别亦难，东风无力百花残。春蚕到死丝方尽，蜡炬成灰泪始干。晓镜但愁云鬓改，夜吟应觉月光寒。蓬山此去无多路，青鸟殷勤为探看。"又如《锦瑟》："锦瑟无端五十弦，一弦一柱思华年。庄生晓梦迷蝴蝶，望帝春心托杜鹃。沧海月明珠有泪，蓝田日暖玉生烟。此情可待成追忆，只是当时已惘然。"又如《无题》："昨夜星辰昨夜风，画楼西畔桂堂东。身无彩凤双飞翼，心有灵犀一点通。隔座送钩春酒暖，分曹射覆蜡灯红。嗟余听鼓应官去，走马兰台类转蓬。"此类诗篇不拘所限，思潮如涌，但辞意婉约，题旨隐晦难解。

其次是他的咏史诗，如咏历代宫殿诗，有《齐宫词》："永寿兵来夜不扃，金莲无复印中庭。梁台歌管三更罢，犹自风摇九子铃。"以史入诗与以事入诗都为唐诗注入新鲜血液，李商隐诗尤其如此。表面看上去只写事，其绝妙之处应在不发议论，却论在其中。又《吴宫》："龙槛沉沉水殿清，禁门深掩断人声。吴王宴罢满宫醉，日暮水漂花出城。"有曲尽伤史济世之妙。又有《隋宫》:"乘兴南游不戒严,九重谁省谏书函。春风举国裁宫锦,半作障泥半作帆。"借锦帆之事,鉴奢淫盘游。同题又有:"紫泉宫殿锁烟霞,欲取芜城作帝家。玉玺不缘归日角,锦帆应是到天涯。于今腐草无萤火,终古垂杨有暮鸦。地下若逢陈后主,岂宜重问后庭花?"讽古鉴今,风华典雅,结句尤其工巧。这些咏宫诗,再与《汉宫》《陈后宫》《九成宫》《华清宫》等诗齐观并视,李商隐借咏历代宫殿,以完成其抚昔伤史、知古鉴今之用意,小题材完成大构图,出人意料,清新可诵。此外,李商隐还有唱和诗、赠答诗、田园诗,也各具特色。

第二节　古文运动

自魏晋南朝以来,骈文盛行,每句十字,前四后六,又称"四六句"。此文体韵律感突出,讲究修辞、用典、对偶、韵律等,常用来描写良辰美景、风花雪月,却并不适合一些实用文体和思想感情的表达。北周时苏绰曾提出用《尚书》文体做公文，代替骈文，到隋代李谔上书反对辞藻华丽之文风，隋文帝因令公私文翰据实而写，然而对扭转文风作用有限。唐初诗歌文章仍承绮丽靡巧之风，到陈子昂主张改革，渐扫前代之弊。到中唐以后，韩愈、柳宗元继续坚持文风转移的努力，建议文体复古，即恢复使用先秦、秦汉古散文之文风和语言，以质朴、自由的新散文体来代替陈腐过时的骈文体，使文体、文风和语言都指实务真。这种主张用古散文体来取代骈文体的改革运动，称为"古文运动"。作为古文运动的倡导者，韩愈提出"文以载道""陈言务去"的主张，并身体力行，把新散文体广泛应用于政论、传记、书信等多种体裁中，成为唐朝古文大家。其代表作有《师说》《原道》《进学解》等。作为古文运动的集大成者，柳宗元也是古文运动的推行者，主张文学改革，努力寻找改变文风和文体的途径，创作了大量优美的散文，如政论文、传记文、小品文、山水游记等，其代表作有《永州八记》《捕蛇者说》等，尤其是他的山水游记融情于山水景色，构思奇巧，语言明丽。柳宗元作

韩愈像

为古典散文游记的大家，也对古文运动做出重要贡献。

韩愈和柳宗元倡导的古文，虽然号称追踪先秦诸子，实际上是一种新型散文，是从当时口语中提炼而成的一种新的书面语言，有自己的时代性和个性。韩、柳提倡的古文既有继承也有创新，在改变唐代文体及文风方面起了很大的作用。北宋欧阳修等人继承韩、柳的事业，再倡古文运动，散文最终取代骈文成为文章写作的主流文体。

古文运动只有从长安发起，才可能影响全国，因为文化有势位性，从全国文化核心之长安向各地蔓延可以形成高屋建瓴之势，再加上古文运动顺应社会文风转变的趋势，故由韩、柳在长安振臂而呼，则有后学之士取为师法，直到移文运于中古。

130

第三节　传奇小说

经过六朝之志怪小说，唐代出现传奇小说，其叙述内容从虚幻不实的神仙鬼怪转向现实社会中人的故事，配合科举制度文学创作中史才、诗笔、议论的要求，准备应举之举子多选择以传奇作品来打动考官，在行卷和温卷之风中，士人提前给考官呈送自己的作品，以显示才华。他们精心创作一些传奇作品，如元稹曾以《会真记》（原名《莺莺传》）行卷，就属于这类作品。唐代传奇小说数量众多，艺术性也较高，内容和题材广泛，大致可以分成五类：一是记述正史之外传说的别传，如《长恨歌传》《李卫公传》《海山记》《迷楼记》等；二是侠义故事，如《虬髯客传》《红线传》《聂隐娘传》等；三是爱情小说，这是传奇小说中数量最多的一类，如《会真记》《李娃传》《霍小玉传》等；四是寓言小说，如《南柯记》《枕中记》等；五是神怪故事，如《柳毅传》《东阳夜怪录》等。这些传奇故事情节曲折多变，起伏跌宕，语言幽默通俗，人物塑造得形象生动，标志着小说作为一种文体已经成熟稳定。

有人认为唐代小说家深受传统史学的影响，具有史学家意识，经常自觉担负起拾遗补阙的史家任务，这就使唐代小说具有史学品格。即便是在想象和虚构中，小说家也出于史家修养的本能，追求历史背景、社会环境甚至史实的真实性，故常常是把虚幻的、传闻的事件纳入一个真实的历史框架中。基于传信的史家追求和对审美真实感的美学追求，使得唐人小说能够最大限度地从宏观到微观反映唐代的真实面貌。

一、长安不见使人愁

在传世的大量唐代小说中，有不少是以长安作为舞台展开创作的。如《李娃传》《长恨歌传》《东城老父传》《霍小玉传》《无双传》等堪称代表。虽为小说家言，但其故事情节往往穿插长安城某种事物，如《李娃传》记郑生和李娃的故事就发生在长安城东、西街不同的坊市中。郑生初到长安居于布政里，到东市访友与李娃相遇于平康坊东门西南之鸣珂曲。后李娃于宣阳里设计摆脱郑生，郑生病后便浪迹于西市之凶肆，受雇于东市之凶肆。二肆于天门街赛歌，郑生之父责罚郑生于曲江西杏园东，后在安邑里与李娃重逢。在李娃的帮助下郑生于旗亭购书，最终一举中第，再应制科。整个故事均在长安城中展开，是研究长安坊里结构不可多得的资料。同样《无双传》也将主要故事情节安排在长安城及附近，提及家住兴化坊的租庸使刘震为避泾原兵乱，令外甥王仙客押家资出长安之西门开远门找一个偏僻旅店住下，他们全家出长安之南门启夏门，双方再绕城而会面。《东城老父传》记贾昌自鸡坊小儿到东城老父的传奇人生，整个故事情节是在长安这个舞台上展开的。贾昌生于长安宣阳里，弄鸡于东云龙门道旁，被玄宗赏识后入大明宫鸡坊为龙武军鸡坊小儿，娶梨园弟子之女住招国里。安史之乱爆发，玄宗出逃成都，贾昌依资圣寺僧住东市海池，后奉师舍利筑塔于长安东门外镇国寺。肃宗为其建影堂及斋舍，还立外屋以居过往旅客收取佣金。他住近春明门外大道旁，年近百岁，阅尽唐朝盛衰成败，偶然与作者陈鸿相遇，为其讲说今昔巨变。从都市之白叠布行到长安城中胡人遍地，以至于惊叹："今北胡与京师杂处，娶妻生子，长安中少年有胡心矣。"尤其是其中多次提及长安苑门、城门，如东云龙门、便门、横门、春明门等，还兼及大明宫、兴庆宫、温泉宫等内容。更有长安盛世风俗与变故后的风俗比较，如斗鸡之风、千秋节、上元节、清明节之节俗，梨园弟子与五百小儿之婚俗，以及长安民众喜穿白叠和平乱后多入军执兵、寓居禁军等问题，与史籍记载约略相当。这些传奇小说故事情节多为虚构，但故事背景之长安却尽可能追求真实，自然可以作为认识长安的重要史料。

二、叶自飘零水自流

还有一类故事，以宫女为题材，宋人称之为"流红记"或"红叶题诗"，也从另一方面折射出唐代小说题材的丰富多彩。现随手列出几例，以见其情。

（一）桐叶题诗

唐代进士顾况颇好咏诗，性喜山水。一次，他在京城禁苑中与几位友人乘兴而游，旁边是一条从皇宫流出来的小溪，他们就坐在流水旁，讲起了一些奇闻异事。忽然一片很大的梧桐叶随水漂来，顾况随手捡起，这才发现叶上有人题诗一首："一入深宫里，年年不见春。聊题一片叶，寄与有情人。"几位同游者见诗都感慨万分，甚至做了许多猜测遐想。

第二天，顾况来到溪水的上游，也题诗于梧桐叶上，把它放入水波之中。诗是这样写的："花落深宫莺亦悲，上阳宫女断肠时。帝城不禁东流水，叶上题诗欲寄谁？"那片随水而去的树叶渐行渐远，已不知去向，顾况仍伫立溪边遥望。

过了十几天，有人在禁苑中寻春赏景，又于一片树叶上得诗一首，就拿来让顾况看，上面写着："一叶题诗出禁城，谁人酬和独含情？自嗟不及波中叶，荡漾乘春取次行。"

（二）红叶题诗

那一年，卢渥赴长安应举，无意间在御沟边看见水上漂着一片红叶，捞起来后发现上面有一首五言绝句，他一时好奇就将红叶放入箱中，后来又多次拿出来让好友同学欣赏。

其时唐宣宗励精图治，经常裁减后宫，放还宫人。卢渥也有机会挑中了一位宫女。他将这位知书识礼的宫女迎回自己家，那位宫女看到卢渥收藏的这片红叶，惊得满脸通红，半天才说："当年我偶然题诗于叶，不过是女儿家的恶作剧而已，谁料想世间竟有如此巧合，卢郎竟然能将它收藏。"众人初不相信，验过她的笔迹，与红叶上一般无二。

（三）秋叶书诗

唐代长安有一位世代习儒的读书人叫侯继图，平日里手不释卷、口不停吟。这天，他正倚凭在大慈恩寺的楼上潜思默想，忽然秋风四起，落叶满天飞起，一片树叶飘然坠落在侯生脚下。侯生的目光正要移开时，才发觉树叶上好像写了字，捡起细看，原来不知谁在树叶上写了一首诗："拭翠敛双蛾，为郁心中事。搦管下庭除，书成相思字。此字不书石，此字不书纸。书向秋叶上，愿逐秋风起。天下有心人，尽解相思诗。"他读罢若有所思，就将此叶小心地放在书箧中，如此五六年，常常拿出来吟咏玩味。

后来，他与任氏成婚，夫妻情深意笃。一次，侯生无意间吟诵了这首诗，任氏正好在他旁边，她十分惊讶地说："这是我在闺中时写的一首诗，一时兴起就将它写在树叶上了，别人都不知道，你怎么会知道？"侯生不信，就让任氏当面书写，不仅诗文全合，笔迹也与叶上一点不差。

（四）纩衣藏诗

开元中，边防将士的棉衣战袍有些由宫女缝制。一次，一位士兵在自己的短袍中找到一张纸条，上面用清秀的字体写了一首诗："沙场征戍客，寒苦若为眠。战袍经手作，知落阿谁边？蓄意多添线，含情更著绵。今生已过也，结取后生缘。"士兵发现后把诗交给将帅，将帅又进呈于唐玄宗，玄宗召集所有宫女，以诗展示于众，并许诺："是谁写的不必隐瞒，我不会怪罪的。"问了几遍，有一宫女站出来说："奴婢罪该万死，诗是我写的。"玄宗看着眼前这位怯生生的宫女，不由得产生一种怜悯之情。他对那位宫女说："何必来生，朕让你结今生缘。"就将这名宫女嫁给了最初得到诗的士兵，边兵战士有感激出泣者。

（五）枫叶题诗

唐朝进士李茵是襄阳人，有一次，他到长安禁苑中游览，看见一片枫叶自御沟随水流下，叶子上题诗云："流水何太急，深宫尽日闲。殷勤谢红叶，好去到人间。"字体清秀，意有所寓。李茵读过后，将其轻轻擦干放入书囊中。

后来，长安失守，唐僖宗向蜀逃难，李茵也到南山一民家避乱，遇见一宫中侍女。经过再三询问，女孩才说："妾是皇宫中侍书，名云芳子，稍有才思。"李茵和她都是避难者，又都喜欢赋诗，很快两人就生相见恨晚之感。她谈起深宫之事，李茵就把那片红叶拿出来给她看，她一见叶上之诗，略带娇羞之色，说："这是妾昔日所题，正好让李郎见到。"两人同行准备到成都，没走多远，就遇上一宦官，宦官认识云芳子，逼令她上马随他们同去。李茵有点失落迷惘，怏怏不快地找了一家旅舍住下。半夜里，云芳子又找到李茵，说："为了能够与李郎相伴而行，我用重金贿赂了中官。"二人相拥而泣，遂决定乘夜改道去襄阳。

唐朝长安作为帝都京师，有雄伟壮观的城墙，有车马喧嚣的街道，有千姿百态的世俗生活……但这一切都与成千上万的宫女无缘，她们在青春红颜时被选入深宫，从此红墙碧瓦成了埋葬她们天性与自由的坟墓，深宫大殿成了吞噬她们爱情和亲情的恶魔，神圣的紫禁城变成蹂躏花朵与生命的牢狱，她们只能过着以泪洗面、伤春悲秋的日子，"入时十六今六十"。于是，唐代许多文人以"宫怨"为题材创作了大量的文学作品，流红记、红叶题诗的故事从不同侧面反映宫廷生活的另一面，寄托了人们对千万宫女的深深同情。

三、唐人小说中的长安商人

隋唐长安人众口多，达官贵族、外国使节都出入其间，蕴藏着无限商机。当时，长安既是区域性都市，又成为全国性乃至世界性的商业都会，这些都为商人的活动提供了广阔的舞台。唐代小说家也通过小说创作记录了长安商人的生活片段或旧闻趣事，通过小说故事也可以展现出唐代长安商业经营的时代特点。

（一）富商邹骆驼

邹骆驼家住长安怀德坊，其实他的真名叫邹凤炽，因长得肩高背曲，形似骆驼，别人就称他为邹骆驼。别看他其貌不扬，他可是名副其实的巨富大商，家累金宝巨万计，所经营的邸店、园宅遍布海内，四面八方的财物都被他贩运，买进卖出，获得无穷利益，远超过古之猗白。别的不说，就拿他家奴婢来说，虽是贱类，每日却锦衣玉

唐代葡萄花鸟纹银香囊

食，更别说他自己的服用器物，皆是极一时之珍异。

有一次，邹凤炽要嫁女，邀请了当朝贤达名士前来参加，场面宏大至极，宾客数千人，宴席丰盛而华丽，每事都曲尽人意。等新娘出来，随身侍婢前呼后拥，都身着绮罗珠翠，一个个打扮得鲜艳夺目，特别惊艳美丽的就有数百人。在场众宾客眼花缭乱，甚至连哪个是新娘都分不清了。

邹凤炽的儿子叫邹昉，与驸马萧佺交往过密，长安人就编了一句顺口溜："萧佺驸马子，邹昉骆驼儿。非关道德合，只为钱相知。"讲他们的友情建立在金钱与地位的基础上，不能算知心朋友。

据说有一次唐高宗接见了邹凤炽，皇帝问："听说你家道富裕，你给朕说说到底你的家资有多少。"他说："臣家

140

资产有多少，臣自己也不知道，如果臣要买您终南山上的树，一树作价一匹绢，您山上的树买完了，但臣家的绢还没用完。"这段对话成为天下人的谈资笑料。

（二）窦乂经商

窦乂是扶风人，但自小居长安，其叔父在嘉会坊有家庙，他以学习的名义借来居住。五月的长安，榆荚满地飞舞，他就用亲戚给他的钱买了两把利刃铁锸，在地上扫了许多榆荚子，在家庙院内用铁锸把榆荚种上。几场雨过后，满院遍是小榆苗，第二年都长到几尺长，他就把并在一起的剪掉，选枝条通直的留下，每苗间隔三寸，所剪下的小枝捆成小捆，约有百余束。那年正好是秋雨绵绵，道路湿滑，他就按每束十文都卖掉，得到千余文。第三年，他辛勤浇灌，小榆树到秋天时已长到鸡蛋粗细，他把稠密的用斧砍掉，又得到200余束木材，以每束几十文的价钱卖掉。过了五年，榆树都能用作屋椽，他把稠密的伐倒，得千余根，卖出得钱几十万。而端正粗壮的栋梁之材还有千余棵留在院中，可用来制成车辆，前后获利百倍。

窦乂用"人弃我取，人取我与"的方法，积累了相当的资本。西市秤行南有十来亩洼地，俗名小海池，聚污秽之水，臭气熏天，影响到周围店铺的经营，成为西市内的老大难问题。窦乂找到其主人，提出要把臭水坑买下，主人以为听错了，又问了他一遍，最后以三万钱成交。别人都不理解他买来这块洼地干啥用。他在水坑中心立一个木桩，作为标靶，然后在水坑四周设了几个煎饼摊。他让小孩向靶子抛掷石块瓦砾，击中靶子的给煎饼一张。附近小孩都来向水坑投掷瓦石，没用几个月，水坑就被石块填满了，地面再稍稍用土填平，就在其上建成店铺20余间，非常抢手，日获利数千钱，这些店铺就被命名为"窦家店"。

中郎将曹遂兴堂前长出一棵大树，枝叶茂盛，根深蒂固，但因树离堂屋太近，每有大风，树摇摆不定，主人就担心损坏他漂亮的厅堂。伐掉它，又怕树倒下砸坏屋宇，真是去也不能，留也不是。一次，窦乂来他家做客，指着那棵树说："怎么不把它砍掉呢？"主人就讲了他的苦衷。窦乂就对他说："你把这树卖给我，我替你除掉它，保证不损坏你的房子。"主人喜出望外，就把大树以五千钱卖给了窦乂。窦乂找来木匠，告诉他们把那棵树从梢到根锯成每段二尺长的小木桩。一棵大树很快就被锯成无数段，而堂宇不受丝毫损伤。最后，他把这些小木桩运到陆博局，也就是专门制造棋类的地方，以百余倍的利润卖掉。人们都说窦乂生财有道，称他是为富不损仁义的智慧型商人。

（三）商人王酒胡

唐朝三百年中经历了几次大动荡，长安城屡次陷落，尤其以黄巢叛乱破坏性最大，城防与宫殿在收复后大多需要修理，而当时唐政府已元气大伤，没有足够的财力来完成修复工作。

许多商人就出钱资助政府修葺残毁破落的地方，时西市有一名定州籍王姓巨商，别人都称他王酒胡，在长安经商多年，获利甚厚。那时唐朝要修复朱雀门，他一次就捐钱3个亿（30万贯）。唐僖宗下诏重修安国寺，又无多少钱。于是，皇帝就亲自前往寺院设斋，聚集很多富人、贵族、高官，皇帝来到新铸成的钟前面，亲手撞了十下，施钱一万贯，并且对众大臣说："每人都随自己的意愿来击钟，如能施舍一千贯，就可击钟一次。"斋会刚结束，王酒胡乘着酒兴进来，直接走上钟楼，一连敲了一百下，惊得在场众人都目瞪口呆。敲完后，他就叫人到西市运钱十万贯给寺院。王酒胡重利但不守财，在唐人眼里，他懂得财富聚而复散、散而复聚的道理，不愧为"千金散尽还复来"。

（四）宋清西市卖药

宋清在长安西市卖药多年，声誉很高。不管病人贫富，他都笑脸相迎，朝廷官员飞黄腾达时与失意落难时，他一样对待，照样迎送；即使有些穷人拿不出现钱来买药，有些甚至是陌生人，只要打个借条，也能买到好药；街坊邻居遇有急难来求他，都会得到他的热心相助。对于欠钱之券，他从未主动上门讨账索钱，年终结账，赊药的借条百十余张，估计是还不起，就付之一炬。同行有人认为他是傻瓜，也有人认为他是得道高人。宋清听说后，就说："我宋清只是一个赚钱养家糊口的普通商人，并不是什么有道术的仙人，但我也不是傻瓜。我卖药前后四十年，烧掉的欠条不计其数，他们当中偶尔有的做了高官，或有的发财致富，他们会用厚礼来报昔日的小恩。即使不能回报，所赊的也只是小利，对于我的生财之道也无大碍。"

宋清只是一个普通的药材商人，却能追求长远利益，舍小利取大利，终致大富，名利双收。长安百姓间很长时间流传这样一句话：人有义声，卖药宋清。

（五）裴明礼名利兼收

河东商人裴明礼善于理生，深谙"人弃我取，人取我予"之道。他于长安城西门之金光门外购买了一片不毛之地，因为地多瓦砾，又低洼不平，他人都不屑一顾，无法卖出高价。裴明礼买到后，于地际竖标，悬挂一筐，遍告众人，能以石投中者赏钱十文。人们见告示，争相来试，然百中一二。没过多久，地上的瓦砾就除尽了。他将此地变成牧羊人的免费羊圈，群羊出入，粪积于地，而他已提前准备好了各种果核种子。随后，翻耕播植杂果，数年之后，郁郁葱葱的果树上挂满果实，香气氤氲，成熟后连车累筐，所获甚丰。乃于其中营筑豪第，在第宅周围修建了很多蜂房，用来养蜂。在林间地隙又遍种蜀葵杂花，果树与杂花花期相续接，花开不断，一时之间，蜂采花逸，蜜果竞秀。裴明礼与家人居住在林密花香的豪宅里，蜂蜜与果品为他带来了丰厚的利润，果林和杂花为他提供了宜人的美景。

而裴明礼在经商获得厚利之余，又习读诗书，出仕任官，先释褐为县主簿，后转任殿中侍御史，直到官居九卿之首的太常卿。他完成了由成功商人向清望之官的华丽转身，不仅由于他深谙经商取利之道和出仕为官之道，也得益于身处唐代重农却不抑商的大环境，虽限制商人出仕，但限而不止，禁而不行，类似裴明礼者史不绝书。

第四节　变　文

俗讲是当时京城寺院另一项重要的文化活动。俗讲本来是寺院进行佛教宣传的一种形式，由僧尼采用讲唱结合、韵散结合的方法，为世俗民众讲经说法，也称说唱、说话。说话人有自己的底本，称话本或变文。俗讲者有时也采取边讲边展示图画的方式讲解佛经内容，所用之图称变相。随着时间推移，俗讲的内容从讲唱佛经和佛家故事逐渐杂以生动有趣的历史故事，采用有说有唱、有说无唱的形式，或以对话体说经、说史、说参、说小说，通俗易懂，很容易吸引民众。

俗讲不仅可以扩大寺院、佛教的影响，也可以吸收更多的施舍，胡三省曾评价俗讲："释氏讲说，类谈空有，而俗讲者又不能演空有之义，徒以悦俗邀布施而已。"唐长安的俗讲僧以文溆影响最大。他每

唐代吴道子《观音》拓片

次开筵讲经，通俗风趣，专为诙谈谐笑，百姓观者争先恐后，万人空巷，骈阗而至。街头巷尾争相效仿其声调，以至于乐府也将其收入曲调之中。《乐府杂录》曰："唐长庆中，俗讲僧文叙善吟经，其声宛畅，感动里人。乐工黄米饭状其念四声观世音菩萨，乃撰此曲。"不仅民众喜欢其俗讲，专业的音乐伎人还将其念菩萨四声之调采入曲谱，大有说的比唱的好听的势头。甚而至于有人因此获罪仍愿意听讲。据《卢氏杂记》载："文宗善吹小管，僧文溆为入

147

内大德，得罪流之。弟子收拾院中籍入家具，犹作师讲声。上采其声，制曲曰《文溆子》。"文溆的弟子因为文溆被流贬而受到局限，但仍效仿其师之声音动作，不愿改变，最后成为文宗皇帝制曲作乐的素材。

俗讲僧文溆因其善于俗讲而名声大作，有些京城大寺名刹也以保存其墨迹遗痕而自矜不已。唐人段成式在《寺塔记》中记平康坊菩提寺："佛殿内槽东壁维摩变，舍利弗角而转睐。元和末，俗讲僧文溆装之，笔迹尽矣。"此寺有文溆之笔迹，成为其津津乐道的内容。又唐人张彦远《历代名画记》记："（菩提寺佛）殿内东西北壁并吴（道之）画，其东壁有菩萨转目视人。法师文淑亡何令工人布色，损矣。"文溆与文淑应为同一人，二文都记他留在菩提寺内的痕迹。

唐人赵璘在《因话录》中对此有不同的评价："有文溆僧者，公为聚众谭说，假托经论所言，无非淫秽鄙亵之事。不逞之徒转相鼓扇扶树，愚夫冶妇乐闻其说，听者填咽。寺舍瞻礼崇奉，呼为和尚。教坊效其声调，以为歌曲。其氓庶易诱，释徒苟知真理，及文义稍精，亦甚嗤鄙之。

近日庸僧以名系功德使，不惧台省府县，以士流好窥其所为，视衣冠过于仇雠，而溆僧最甚，前后杖背，流在边地数矣。"赵璘提到文溆虽因俗讲而名动京师，但多为士大夫所嗤鄙，俗讲者公然与衣冠为敌，以至于文溆多次获罪。如《册府元龟》卷一五三《帝王部·明罚二》记："元和七年六月戊戌，杖僧文溆一百，勒返俗，配流天德军。文溆面佞口给，每开筵讲经，专为诙谈谑笑，庸人观者奔走如不及，相与效其声调，周于闾陌。至是奸秽大发故及焉。"所记与前述赵璘相符，也说明俗讲虽深为百姓民众喜闻乐见，却不被士大夫所承认，社会对其评价多有反复，这就出现了两种截然相反的现象。一方面，虽有士大夫以诱民为名加以反对，但民众却乐闻其说，听众如山如海。另一方面，俗讲僧虽屡次获罪被流贬，却频见皇帝亲临其讲坛，如敬宗于宝历二年亲临兴福寺，观沙门文溆俗讲；或亲手编入曲调，如文宗亲自采其声为曲子号《文溆子》。

唐长安保唐寺每月三个逢八日（初八、十八、廿八）就举行俗讲，每逢其时，附近的民众踊跃前来，甚至妓女都获准听讲，好像是盛大节日，异常热闹。日本求法僧人

敦煌壁画《降魔变图卷》（局部）

圆仁多次于长安亲见俗讲，如开成六年正月，改年号，改开成六年为会昌元年（841），"敕于左右街七寺开俗讲，左街四处：此资圣寺令云花寺赐紫大德海岸法师讲《花严经》；保寿寺令左街僧录、三教讲论、赐紫引驾大德体虚法师讲《法花经》；菩提寺令招福寺内供奉、三教讲论大德齐高法师讲《涅槃经》；景公寺令光影法师讲。右街三处：会昌寺令内供奉、三教讲论、赐紫、引驾起居大德文溆法师讲《法花经》。城中俗讲，此法师为第一。惠日寺、崇福寺讲法师未得其名"。到会昌元年九月，敕两街诸寺

开俗讲；会昌二年正月，诸寺开俗讲；到五月，奉敕开俗
讲，两街各 5 座。两街俗讲名师，左街有海岸、体虚、齐
高、光影 4 人，右街为文溆及其他 2 人，其中文溆尤为著
名，为京国第一人。由此可知，文溆只是俗讲僧中的一员，
还有很多类似文溆者推动俗讲。

20 世纪初，敦煌藏经洞发现大量古代文书，其中一批
残卷被学界判定为寺院俗讲的底本，或定名为变文，或认
为变文仅是其中的一类。经过整理有《佛本生故事变文》
《维摩诘经变文》《降魔变文》《地狱变文》《目连变文》
等与佛教有关的内容。也有一些民间故事，如《舜子至孝
变文》《伍子胥变文》《李陵变文》《季布骂阵变文》《汉
将王陵变文》《孟姜女变文》《王昭君变文》《张议潮变
文》《韩擒虎话本》《唐太宗入冥记》《燕子赋》等，学
者将敦煌石窟发现的变文编成《敦煌变文集》。通过俗讲，
更通俗地宣传了佛教经义故事，也活跃了民众的业余文化
生活，更重要的是变文中的话本成为后来白话小说崛起的
前奏，也成为现代通俗文学的鼻祖。

第四章

灿烂的艺术

第一节　书　法

　　工于书法、精于笔墨者历代皆有，但以唐朝最有气势，书法至此而大放异彩，无论是杰出书法家还是习书事帖之风的普及程度，都可谓是独树一帜。明清以来，习书有四种常见书体：欧体、颜体、柳体、赵体，其中唐朝就占去了三体，影响之大难以估量。从字的构造来分，汉字有象形、会意、形声、指事、转注、假借六种；从书写字形及发展演变来分，有甲骨文、金文、篆、隶、行、草、真、楷等。但是，唐朝书体种类与现在通行分类法并不一样，据唐人张怀瓘《书断》记："篆、籀、八分、隶书、章草、草书、飞白、行书，通谓之八体……后遂有龙爪书，如科斗、玉箸、偃波之类，诸家共二十五般。"唐代将书体分成 25 种，常见者称"八体"。初唐有虞世南、欧阳询、褚遂良、薛稷四大家，中唐有颜真卿、柳公权两大师，其他得名于某书体者也数不胜数，如草书张旭、怀素等，篆书李阳冰，隶书韩择木，各有所长。尤其是唐朝历代皇帝多喜欢书法，唐太宗的飞白体，武则天也擅长飞白体，唐玄宗的隶体，唐文宗、唐宣宗也是书法艺术的崇拜者，直接推动了社会习书风气。

关中作为京都所在地，始终是书法艺术的中心，一大批硕学鸿儒在此传承学术，更多的仁人志士于此出将入相，实现他们经世致用的人生理想。他们在此留下了大量的书法遗迹、碑帖墓志、出土文书、佛教写经等，这些都能让我们了解隋唐时代的文字书法精髓，因为书法本身只是古代文化的一种表象，是文化传播、教育发展以及科举成熟的必然结果。

一、初唐四家

欧阳询（557—641），字信本，历仕隋唐，长时间生活于京城长安，曾担任率更令，所以也称欧阳率更。自小敏悟绝人，每读书辄一目数行，遂博通经史，尤长于书法。

初临习王羲之书，形成刚正险峻、清逸劲秀的风格，世称欧体。一生钟爱书法，唐人刘𫗧《隋唐嘉话》记："率更令欧阳询，行见古碑，索靖所书，驻马观之，良久而去。数百步复还，下马伫立，疲则布毯坐观，因宿其旁，三日而后去。"他对于书法艺术的爱好与专注由此可见一斑。因为他坚持勤学苦练，晚年笔力更加刚劲。对于他的作品，唐人的评价是"飞白、隶行、草入妙，大篆章草入能"。不仅国内争相传习临摹，就连周边政权也想方设法求取，《新唐书·欧阳询传》记载："尺牍所传，人以为法。高丽尝

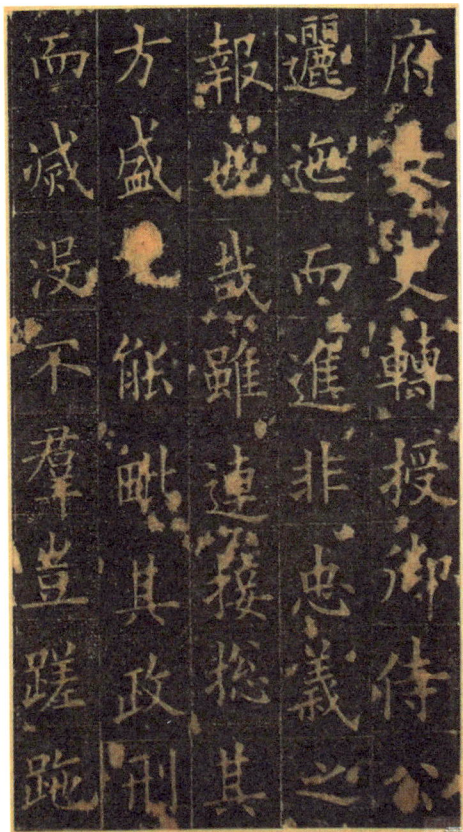

唐代欧阳询《虞恭公碑》（局部）

157

遣使求之。"传世碑帖有《九成宫醴泉铭》，现存陕西麟游九成宫；《虞恭公碑》，现存礼泉昭陵博物馆；《皇甫诞碑》，现存西安碑林博物馆等。传世墨迹有《草书千字文》残本，现藏于日本书道博物馆；《行书千字文》，现藏于辽宁省博物馆等。明代陈继儒在《书画史》中对他的书法评价是："瘦硬清寒，而神气充腴。"

虞世南（558—638），字伯施，早年与兄虞世基跟随擅长文学、书法的大学者顾野王学习。世基辞章清劲，世南博学通识，俱名重当时。虞世南最初向浮屠智永学习书法，深得其法之奥，其书法作品被当时人追逐秘爱。智永是王羲之的后人，深得王氏用笔之法，虞世南不仅学究其艺，还青出于蓝，唐人张怀瓘认为其隶书、草书、行书皆入妙品。隋平江南，虞氏兄弟随后迁居长安。虞世基青云直上，妻妾服珠玉，家富拟王者，却对清贫不立的虞世南没有丝毫赡济之意。隋炀帝江都之乱，宇文化及等叛党要杀虞世基，虞世南痛哭请求以己代兄受刑，未被允许，但其孝悌勇毅之节气深得时誉。入唐以后，虞世南以秦府僚属任唐朝弘文馆学士，颇得唐太宗赏识，经常说虞世南有

虞世南像

五绝：德行、忠直、博学、文词、书翰。一次，唐太宗将做工精美的屏风拿来，让虞世南在其上书写《列女传》，仓促之间，来不及去找《列女传》题本，他就凭记忆写就，事后有人校对，一字无失。他在担任秘书监时，曾于官署之后堂大集可资时用的各类书籍，号为《北堂书钞》。人们为纪念此事，直到唐代其堂仍旧保存，他所编撰的《北堂书钞》至今仍然保存。因为他学识精绝、书法秀美，太宗经常在公务之隙，引之谈论，共观经史。虞世南虽容貌文弱，但志性抗烈，每论及古先帝王为政得失，必存规讽，多所补益，据先贤旧典又写成《帝王略论》一文，现在此书已经散佚，但敦煌出土文书中发现了若干残卷。唐太宗曾对侍臣说："群臣皆若世南，天下何忧不理。"虞世南也获得图形凌烟阁和陪葬唐太宗昭陵的殊荣。

虞世南传世作品极少，仅有《孔子庙堂碑》，现存西安碑林博物馆。《汝南公主墓志铭并序》是宋朝人的临摹，现存上海博物馆。据说《昭仁寺碑》也由虞世南书写，此碑现藏陕西省长武县昭仁寺博物馆。唐人张怀瓘《书断》卷中《妙品》比较欧阳询和虞世南的书法时提到："欧若猛将深入，时或不利，虞若行入妙选，罕有失辞。虞则内含刚柔，欧则外露筋骨，君子藏器，以虞为优。"宋代《宣和书谱》卷八《行书二·唐》如此评价："世南作字，不择纸笔皆能如志，立意沈粹，若登太华，百盘九折，委曲而入杳冥。"时人以至后人推重若此。

褚遂良（596—658），字登善，父褚亮因曾作秦府《十八学士写真图》像赞而驰名中外。褚遂良自幼博涉文史，尤工于隶书，深得欧阳询看重。唐太宗曾经对侍中魏徵说："虞世南死后，无人可与论书。"魏徵曰："褚遂良下笔遒劲，甚得王逸少体。"太宗即日召见褚遂良，遂令侍书。太宗喜爱王羲之书法，曾经出御府金帛购求王羲之书迹，天下争赍古书诣阙以献，一时真伪难辨，褚遂良备论所出，一无舛误。唐人品评善书之家分为神、妙、能诸品，张怀瓘《书断》将褚遂良隶书、行书皆入妙品。褚遂良书写了唐太宗御撰的《大唐三藏圣教序》和唐高宗御撰的《述三藏圣教序记》两块石碑，至今镶嵌在西安大雁

160

塔南门两侧的塔壁上；所书《房玄龄碑》，现存陕西礼泉县昭陵博物馆，另有《伊阙佛龛碑》《孟法师碑》等。传世墨帖有《倪宽赞》，现藏于台北故宫博物院，还有《枯树赋》《潭府帖》《家侄帖》《大小字阴符经》《草书阴符经》等。

唐人张怀瓘《书断》卷中《妙品》记载他"少则服膺虞监，长则祖述右军。真书甚得其媚趣，若瑶台青琐，窅映春林。美人婵娟，不任罗绮，增华绰约，欧虞谢之"。褚遂良曾就自己的书法风格询问虞世南："吾书何如智永师？"虞世南回答说："吾闻彼一字直五万，你岂得若此者。"又问："吾书何如欧阳询？"虞世南说："听说欧阳询不择纸笔，皆能如志，你岂得若此。"褚遂良说："既然如此，吾何更留意于此。"虞世南说："若使手和笔调，遇合作者，亦深可贵尚。"褚遂良转忧为喜而退出。这则轶事通过虞世南和褚遂良的对话来凸显褚遂良的书法风格，未必真有其事，但也足见褚氏书法及其轶闻趣事为人津津乐道。

薛稷（649—713），字嗣通，举进士，好古博雅，多才藻，工书画。史载："自贞观、永徽之际，虞世南、褚遂

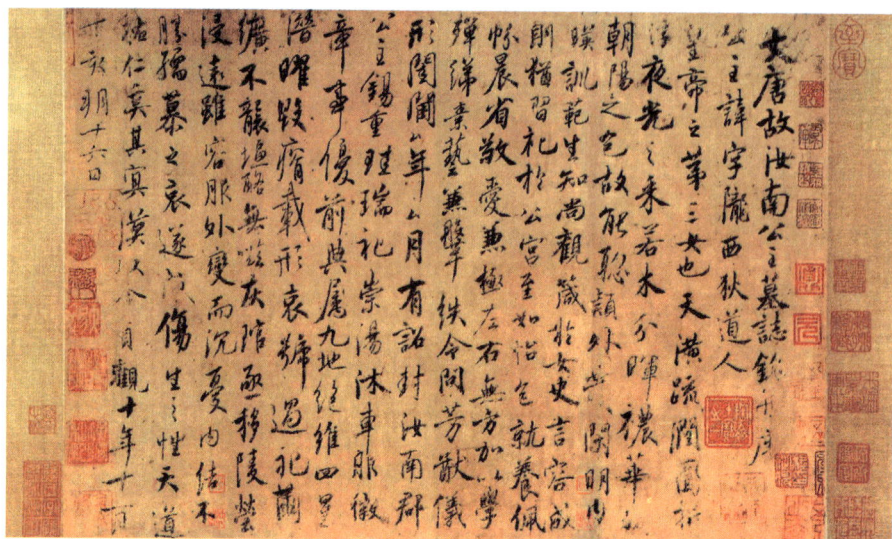

唐代薛稷《信行禅师碑》

良时人宗其书迹，自后罕能继者。"书法出现了宗师断代的情况。薛稷经过发奋努力后脱颖而出。他的外祖是魏徵，因此他家富书画，其中又多虞、褚手写表疏。薛稷遂锐意模学，以至于穷年忘倦。《旧唐书·薛稷传》记："稷锐精模仿，笔态遒丽，当时无及之者。"据此可知，薛稷凭借临摹魏徵家所收藏的虞世南、褚遂良作品，横空出世，达到当时无人能及的境界。《唐画断》记他"文章学术，名冠当时。学书师褚河南，时称'买褚得薛不落节'。画踪阎令，秘书省有《画鹤》，时号一绝"。通过"买褚得薛不落节"之俗语可知，薛稷的出现扭转了欧阳询、褚遂良之后书法不振的局面。唐人张怀瓘认为薛稷的隶书、行书

162

可入能品。《唐画断》认为他的画可居神品，唐代大学者张说品评他的文章是良金美玉。薛稷一个人能够集如此学艺，实属天纵奇才。唐人韦嗣立拜相，其告身由苏瑰署名，苏颋措辞，薛稷手书，时人谓之三绝。苏瑰、苏颋父子为一代文宗，薛稷书法独步一时，才有三绝之说。因为薛稷书法学习褚遂良，绘画学习阎立本，兼之文章学术又名冠一时，唐人附庸风雅者对他更是趋之若鹜。其传世作品有《信行禅师碑》（原石已佚）、《夏热帖》等。

唐朝工于书体、精于笔墨者层出不穷，李元昌、高正臣、钟绍京、陆柬之、王知敬、郑虔、王绍宗等均在书法方面有极高造诣。如高正臣隶书、行草列入能品；王绍宗的隶书、行草也划入能品；郑虔曾任广文博士，平日练习书法却苦于无纸，得知慈恩寺有柿叶数屋，就借僧房居停，每日拿红叶练习书法，结果时间长了，几房子的树叶都写完了。成名后，自写所制诗并画，同为一卷封进。玄宗御笔书其尾曰：郑虔三绝。不仅士族寒门之杰出者以此为娱，甚至连养尊处优的宗室诸王中也不乏书法奇才。如李渊诸子颇有书法之艺，《书断》言："唐汉王元昌，神尧之子，善行书。诸王仲季并有能名，韩王、曹王，亦其亚也。曹则妙于飞白，韩则工于草行。魏王、鲁王，亦韩王之伦也。"《旧唐书·高祖二十二子传》记汉王李元昌"少好学，善隶书"，但汉王究竟是擅长行书还是擅长隶书，因为其作品并无传世，很难证实。韩王李元嘉少年好学，藏书至上万卷，又采碑文古迹，多得异本，成为藏书家和收藏法帖名家。鲁王李灵夔也是少有美誉，善音律，好学，工草隶。虽说诸王有足够的条件珍藏名碑古帖，但附庸风雅和真心喜爱之区别，就在于有无得益，诸王因为临摹名帖而书艺大进以至于登峰造极，足以辨明此事之疑。台湾学者赖瑞和曾就碑志考察了一些唐代翰林书待诏的情况，昔日大量能书会篆的书家，如今只有极少数尚能考知姓名，其他大多湮没不闻，令人有扼腕之叹。

二、颜筋柳骨

唐中后期，出生于关中的颜真卿和柳公权将唐代书法艺术带进了又一个辉煌阶段。

颜真卿（707—784），字清臣，《旧唐书》卷一二八《颜真卿传》记："琅邪临沂人。"而唐人殷亮《颜鲁公行

164

状》却记："京兆长安人。"事实上颜氏祖籍琅邪，五代祖颜之推自丹阳居京兆长安，故颜真卿是生于秦、长于秦的长安人。举进士，登制科，尤工文词，善隶书，书格劲逸，抗行锺、张。《新唐书》卷一五三《颜真卿传》记："善正、草书，笔力遒婉，世宝传之。"他是唐代书法史上一位承前启后的重要人物，宋人苏轼称赞颜书"雄秀独出，一变古法"。所谓的变古法即推陈出新，是指他的书法既因风气又开风气，既因俗又脱俗，把唐代书法推进到一个新阶段。他的字早期多匀称端秀、方正刚健，如著名的《多宝塔碑》《郭家庙碑》《臧怀恪碑》等，后期笔法圆融，浑厚凝重，如《颜勤礼碑》《颜氏家庙碑》等，均保存于西安碑林博物馆。《大唐中兴颂》《麻姑仙坛记》原石分别保存于湖南祁阳和江西南城。颜氏墨迹传世者还有《祭侄文稿》《自书告身帖》《争座位帖》《竹山堂连句》《刘中使帖》等。其书多为后世楷模，世称"颜体"，笔画之间流露出浩然正气，结构匀称，笔势如刀，锋芒毕露，成为历代学书发蒙的范本，影响了无数人的成长，与柳公权有"颜筋柳骨"之称。

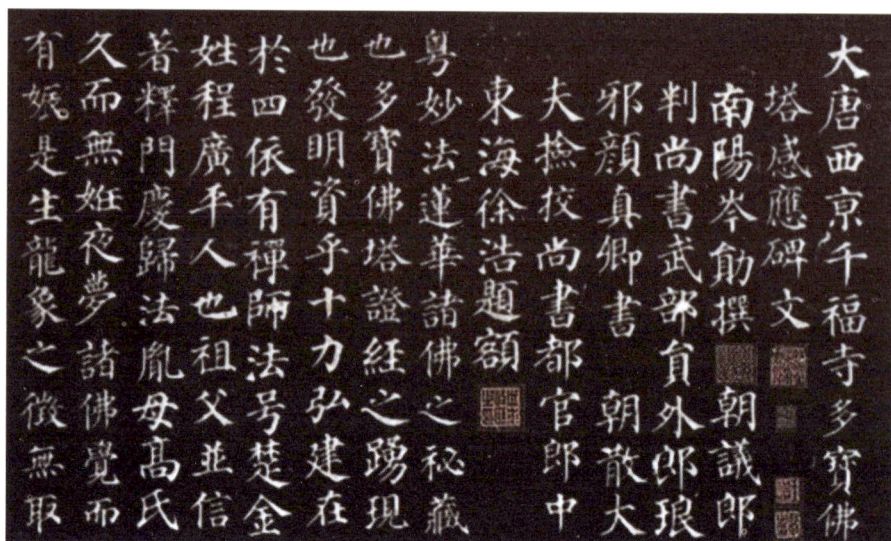

唐代颜真卿《多宝塔碑》

柳公权（778—865），字诚悬，京兆华原人。他在唐长安浓厚的文化气氛中长成，经学、诗歌、音律都有很深的造诣，尤其是书法达到出神入化的水平，博采众长，字迹结体劲媚，自成一家。唐穆宗召见他时说："朕尝于佛庙见卿笔迹，思之久矣。"授予他翰林侍书学士。穆宗昏乱无德，柳公权常想劝谏。当皇帝问他用笔之法时，他不失时机地回答："心正则笔正，笔正乃可法矣。"穆宗也觉察到他是借笔进谏，为之改容。唐朝几代皇帝都曾收藏过柳公权的墨迹。《新唐书·柳公权传》记载文宗尝召柳公权与其联句，帝曰："人皆苦炎热，我爱夏日长。"公权属曰："薰风自南来，殿阁生余凉。"其他学士也相继属和，文宗独讽公权者，以为词情皆足，因命他自题于殿壁，其字直径约五寸见方，帝叹曰："钟、王无以尚也！"其喜爱程度于此可见一斑。他与柳公权等诗人联句的用意也可能就在于借机让他题写于殿壁，以便随时欣赏。唐武宗曾在召见柳公权时怒责一名宫嫔，柳公权欲谏止，帝对柳公权说："朕怪此人，然若得学士一篇，当释然矣。"恰好御前就有蜀笺数十幅，因命授之，柳公权即席写成一绝曰："不分前时忤主恩，已甘寂寞守长门。今朝却得君王顾，重入椒房拭泪痕。"上大悦，赐锦彩二十匹，又令那位因字得免罚的宫人拜谢。为了能收藏到柳公权的笔迹，武宗甚至置皇帝的尊严于不顾，皇帝之表演令一众爱好者情何以堪。同样，唐宣宗为了得到柳公权的墨迹，也排出了书法的最高规格，《旧唐书》本传记："宣宗召升殿，御前书三纸，军容使西门季玄捧砚，枢密使崔巨源过笔。一纸真书十字，曰：卫夫人传笔法于王右军；一纸行书十一字，曰：永禅师真草《千字文》得家法；一纸草书八字，曰：谓语助者焉哉乎也。赐锦彩、瓶盘等银器，仍令自书谢状，勿拘真、

167

唐代柳公权 《玄秘塔碑》

行，帝尤奇惜之。"两名大宦官侍候柳公权，在宦官当权的唐中后期是难得一见的。

柳公权经常出入于宫廷禁掖，所得赏赐无数，几位皇帝对柳书的欣赏，激发无数中外喜书者的兴趣，豪家勋贵更是趋之若鹜，不惜重金以求取他的墨迹。当时公卿大臣家的碑志不得公权手笔者，人以为不孝。外国使者入朝长安，专备钱物购买柳书。柳公权自认为最得意的作品也是在长安完成的，即受邀书写的京兆西明寺《金刚经碑》，写成后，时人认为有钟、王、欧、虞、褚、陆诸家法，他自己也为此而得意。

柳公权所书碑刻《李晟碑》现存于陕西高陵县，《玄秘塔碑》现存于西安碑林博物馆，《神策军碑》原碑佚失，国家图书馆藏拓片善本，另有1986年在西安出土的《大唐回元观钟楼铭》等，其碑帖对后世影响巨大。

此外，唐代草书也取得了突出成就，以张旭、怀素为代表的狂草，以其飞动豪迈、放荡不羁之书风把书法艺术推进到另一种境界。张旭善于草书，得笔法之妙，冠于一时。虽属于吴中四杰之一，但他的活动不局限于吴中，两京都下到处都有其遗闻轶事。《唐画断》记有一事，开元中，吴道子与裴旻、张旭于东都相遇，裴旻剑舞一曲，张旭书一壁，吴道子画一壁，都邑人士一日之中获睹三绝。人们不仅以观看张旭书壁为幸，更以拥有张旭书迹为荣。家住洛阳归德坊的唐人卢某自言旧宅西壁有韦旻郎中画散马七匹，东壁有张旭书草真迹数行，并因此而洋洋自得。张旭之草书广为都人喜欢，唐人李肇《唐国史补》卷上记："后辈言笔札者，欧、虞、褚、薛，或有异论，至张长史无间言矣。"张旭自言学习草书的心得时说过："始见公主与担夫争道，又闻鼓吹，而得笔法意；观倡公孙舞剑器，得其神。"其笔法之要旨，后传于崔邈、颜真卿。僧怀素在《自叙帖》中说："吴郡张旭长史，虽姿性颠逸，超绝古今，而模楷精法详，特为真正。"唐文宗时，皇帝品定杂艺，诏以李白歌诗、裴旻剑舞、张旭草书为"三绝"。张旭世号张颠，天下人呼其为草圣，《宣和书谱》对其评价是"张颠不颠"。

张旭传世碑帖有《古诗四帖》，现藏于辽宁省博物馆，《郎官石记》为其真书代表，拓本藏于上海博物馆。

僧人怀素（725—793），俗姓钱。《自叙帖》自言：

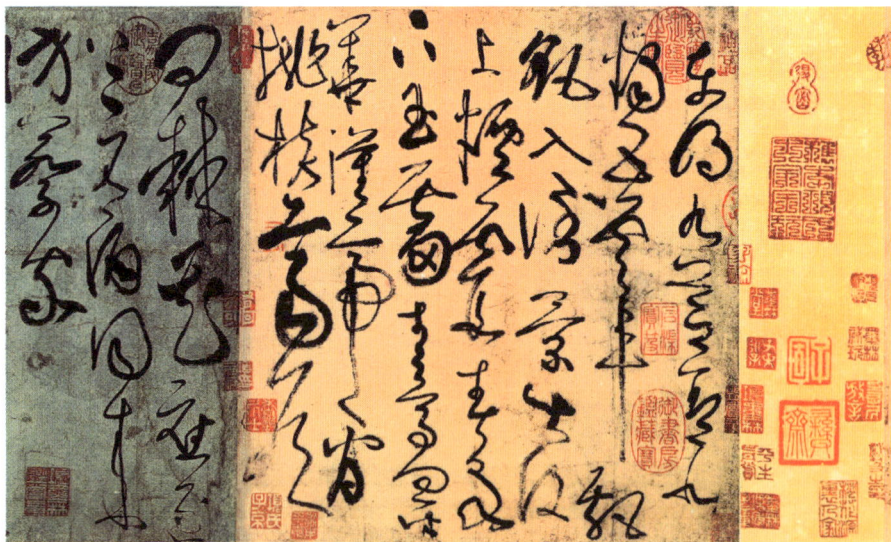

唐代张旭《古诗四帖》

"怀素家长沙，幼而事佛，经禅之暇，颇好笔翰。"早年练字无纸，种芭蕉万株，取叶代纸而书，号其所曰绿天，庵曰种纸。以蕉叶写字，所居号称绿天，显示怀素虽为僧人，性格却率真洒脱。因练字而用过的废笔堆积成山，唐人李肇《唐国史补》记："长沙僧怀素好草书，自言得草圣三昧，弃笔堆积，埋于山下，号曰'笔冢'。"勤学苦练达到无与伦比的境界。唐人陆羽在《僧怀素传》中记："怀素疏放，不拘细行……饮酒以养性，草书以畅志。时酒酣兴发，遇寺壁、里墙、衣裳、器皿，靡不书之。"唐人对其人其字多有评点之语，如张正言讲："开士怀素，僧中之英。气概通疏，性灵豁畅。精心草圣，积有岁时。江岭之间，其名大著。"其书法如飞鸟出林、惊蛇入草，唐人点评说："奔蛇走虺势入座，骤雨旋风声满堂。"又有："初疑轻烟淡古松，又似山开万仞峰。"又有："笔下惟看激电流，字成只畏盘龙去。"陆羽在《僧怀素传》中记有一事，颜真卿曾经问他用笔之法，他说："贫道观夏云多奇峰，辄尝师之。夏云因风变化，乃无常势，又无壁折之路，一一自然。"颜真卿由衷地说："草圣之渊妙，代不

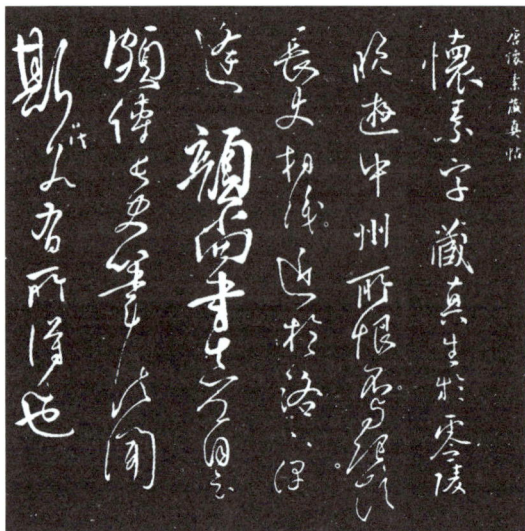

唐代怀素 《藏真帖》

绝人，可谓闻所未闻之旨也。"唐代御史李舟比较张旭和怀素说："昔张旭之作也，时人谓之'张颠'。今怀素之为也，余实谓之'狂僧'。以狂继颠，谁谓不可？"所以才有"张颠素狂"之说。

怀素传世法帖有：《藏真帖》《圣母帖》现存西安碑林博物馆，《自叙帖》现存于台北故宫博物院，《论书帖》保存于辽宁博物馆，《苦笋帖》藏于上海博物院等。

李阳冰，字少温，曾任当涂令、缙云县令，终将作少监。虽说他官职低微，但他的篆书独步当时。李阳冰之所以能成就如此小篆笔法，与他早年的勤学苦练分不开。李肇《唐国史补》记有一事，说李阳冰听说绛州（今山西绛县）有碑，篆字与古文不同，遂就其处而观，一见之下就

172

不舍离开，寝处其下，数日不能去。验其文是唐初，不载书者姓名，碑上有"碧落"二字，时人谓之"碧落碑"。由此可见他对篆书如痴如醉的执着精神。成名后，他的小篆深得时人赞赏，其篆法称天下之妙。当时颜真卿以善书驰名一时，然颜氏书碑，必定要求李阳冰为碑题额，才称得上是珠联璧合，独擅其美。再有，唐代李华文才出众，盛名于时，有一次，李华起草《鲁山令元德秀墓碑》，颜真卿书，李阳冰篆额，后人争相模写之，以得为快，号为"四绝碑"。所谓四绝，即元德秀之品德，颜真卿之书法，李华之文采，李阳冰之篆字，是以构成四绝。李阳冰对自己的小篆技艺颇为自负，他曾说："斯翁之后，直至小生，曹喜、蔡邕，不足言也。"自信地认为他是李斯之后篆书的继承者，根本没有把曹喜、蔡邕等篆书名手放在眼里。遗憾的是，唐开元中，张怀瓘撰《书断》却没有收录李阳冰和张旭的成就，但这并不影响历代书法爱好者对他的景仰，《海录碎事》卷十九记："李阳冰善小篆，自谓仓颉后身，时谓之笔虎。"《法书苑》记："窦臯谓李阳冰篆为'笔虎'，又作小篆赞曰：'丞相斯法，神虑精深，钗头屈

唐代李阳冰《崔祐甫墓志》

玉，鼎足垂金。'"诸种称誉均意在强调李阳冰之小篆如字中之猛兽，无人能敌。李阳冰曾经在《上李大夫论古篆书》中提出："诚愿刻石作篆，备书六经，立于明堂，为不刊之典，号曰大唐石经。"惜未能如其所愿。李阳冰与李白过从甚密。李阳冰担任当涂县令时，李白在穷困潦倒之时投靠他，宝应元年（762）李阳冰还辑录李白之作品成集二十卷，名曰《李白草堂集》。他念念不忘其族叔李白临终托付之事，以草稿万卷，"手集未修，枕上授简，俾余为序"。在《唐李翰林草堂集序》中，他高度评价了李白

174

的文学地位，他写道："所为著述，言多讽兴。自三代以来，风骚之后，驰驱屈宋，鞭挞扬马，千载独步，惟公一人。故王公趋风，列岳结轨，群贤翕习，如鸟归凤。卢黄门云：陈拾遗横制颓波，天下质文，翕然一变。至今朝诗体，尚有梁陈宫掖之风，至公大变，扫地并尽。今古文集，遏而不行，唯公文章，横被六合，可谓力敌造化欤。"将陈子昂和李白视为唐朝转变文风的关键性人物，代表了他对当时文运的看法，也反映李阳冰以不辱斯文为己任的雄心壮志。

现存作品最著名者有《崔祐甫墓志》之篆盖，志石藏于开封博物馆。

第二节　绘　画

隋唐京城长安涌现出一大批技艺高超的画家，尽管他们画风不尽相同，却各有所长，正是这些风格各异的艺术家推动了隋唐绘画艺术的繁荣。

隋代长安丹青名手有阎毗、展子虔、郑法士、董伯仁、杨契丹、田僧亮，以及于阗画师尉迟跋质那、天竺僧昙摩拙叉等。向达在其名著《唐代长安与西域文明》一书中指出，尉迟跋质那和尉迟乙僧父子以擅长丹青而驰名上京。隋唐之际，尉迟跋质那和尉迟乙僧父子由西域入居长安。尉迟跋质那，于阗人，唐人张彦远在《历代名画记》中说："善画外国及佛像，当时擅名，今谓之大尉迟。"提及其作品有《六番图》《外国宝树图》《婆罗门图》传于代。其子尉迟乙僧，善画外国及佛像，时人以跋质那为大尉迟，乙僧为小尉迟。画外国及菩萨，小则用笔紧劲，如屈铁盘丝，大则洒落有气概。唐人绘画评论家窦蒙评价其父子道："澄思用笔，虽与中华道殊，然气正迹高，可与顾、陆为友。"名僧彦悰说："（画）外国鬼神，奇形异貌，中华罕继。"均对大小尉迟有很高的评价，向达认为其屈铁盘丝之风格属于"凹凸"一派。

展子虔，渤海人。张彦远在《历代名画记》中引用名僧彦悰对他的评价是："触物留情，备皆妙绝。尤善台阁、人马、山川，咫尺千里。"他的代表作有《长安车马人物

图》《弋猎图》《杂宫苑南郊》《王世充像》《北齐后主
幸晋阳宫图》《朱买臣覆水图》，并传于代。其著名山水
画《游春图》现存于故宫博物院。

唐代长安画坛更是名家辈出，唐人朱景玄撰《唐朝名
画录》收录绘画名手 124 人，张彦远撰《历代名画记》收
录唐代画家 177 人之多，其中，阎氏兄弟（阎立德、阎立
本）、吴道子、李氏父子（李思训、李昭道）、王维、张
萱、周昉、狮子国僧金刚三藏、曹霸、韩幹、陈闳、郎余
令、朱审、韩滉、戴嵩等多为后世所称道。

阎立德、阎立本兄弟系阎毗之子，在隋唐阎家可称绘

画世家。阎立德有《文成公主降番图》《玉华宫图》《斗鸡图》等。曾出任将作大匠、工部尚书，主持建造翠微宫、玉华宫等离宫别殿。其弟阎立本被朝廷号为"丹青神化"，曾任唐朝右相。武德九年（626），受命为秦府十八学士图写真容，为《秦府十八学士图》。其时天下初定，各国使者前来朝贺，诏命阎立本图画外国使者朝觐，为《职贡图》。贞观十七年（643），又诏阎立本绘《凌烟阁功臣图》，太宗亲自写赞语。唐人张彦远在《历代名画记》中记曰："《国史》云：太宗与侍臣泛游春苑，池中有奇鸟，随波容与，上爱玩不已。召侍从之臣歌咏之，急召立本写貌。内阁传呼画师阎立本，立本时已为主爵郎中，奔走流汗，俯伏池侧。手挥丹素，目瞻坐宾，不胜愧赧。退戒其子曰：'吾少好读书属词，今独以丹青见知，躬厮役之务，辱莫大焉。尔宜深戒，勿习此艺。'然性之所好，终不能舍。及为右相，与左相姜恪对掌枢务。恪曾立边功，立本唯善丹青，时人谓《千字文》语曰：'左相宣威沙漠，右相驰誉丹青。'"阎立本师法张僧繇，但唐人认为是青出于蓝，人物衣冠、车马台阁，并得见妙。其代表作品有《西域图》《永徽朝臣图》《昭陵列像图》等，并传于代。另外，传世绘画《步辇图》成为现存与吐蕃史有关的最早的一幅历史画，《凌烟阁功臣图》虽然原图没有保存下来，但北宋游师雄曾摹刻上石，至今有数石保留在陕西麟游县，阎立本人物画的风格于此可觅踪影。

吴道子被称为画圣，初学书于张旭、贺知章，学书不成转而学画。张彦远在《历代名画记》中记："因写蜀道山水，始创山水之体，自为一家……初名道子，玄宗召入禁中，改名道玄，因授内教博士，非有诏不得画。"他在长安绘制了大量的壁画，唐人朱景玄在《唐朝名画录》中将其列入神品之上："寺观之中，图画墙壁，凡三百余间。变相人物，奇踪异状，无有同者。上都唐兴寺御注金刚经院妙迹为多，兼自题经文；慈恩寺塔前文殊、普贤……及诸道观、寺院，不可胜纪，皆妙绝一时。"唐人张彦远在《历代名画记》卷三专门记载了西京寺观画壁，其中提到吴道子所作的大量宗教壁画："凡画人物、佛像、神鬼、禽兽、山水、台殿、草木，皆冠绝于世，国朝第一。"这些壁画中尤以地狱变相图出名。唐人朱景玄还听景云寺老僧

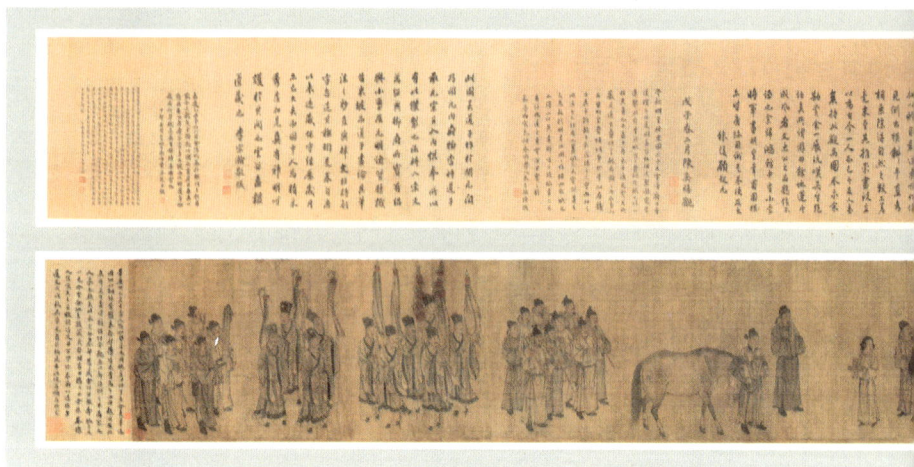

唐代吴道子《明皇观马图手卷》

传说："吴生画此寺地狱变相时，京都屠沽渔罟之辈，见之而惧罪，改业者往往有之，率皆修善。"所描绘的各色佛教人物充满想象力，以至于屠沽杀生者改业从善。传世作品《送子天王图》现藏于日本大阪市立博物馆，系宋人仿作。

李思训、李昭道父子皆丹青名家，系唐朝宗室。李思训曾任左羽林大将军、左武卫大将军，以唐朝山水第一而闻名。《旧唐书·李思训传》记："思训尤善丹青，迄今绘事者推李将军山水。"张彦远评价李思训："其画山水树石，笔格遒劲，湍濑潺湲，云霞缥缈，时睹神仙之事，窅然岩岭之幽，时人谓之大李将军。"对李昭道的评价是：

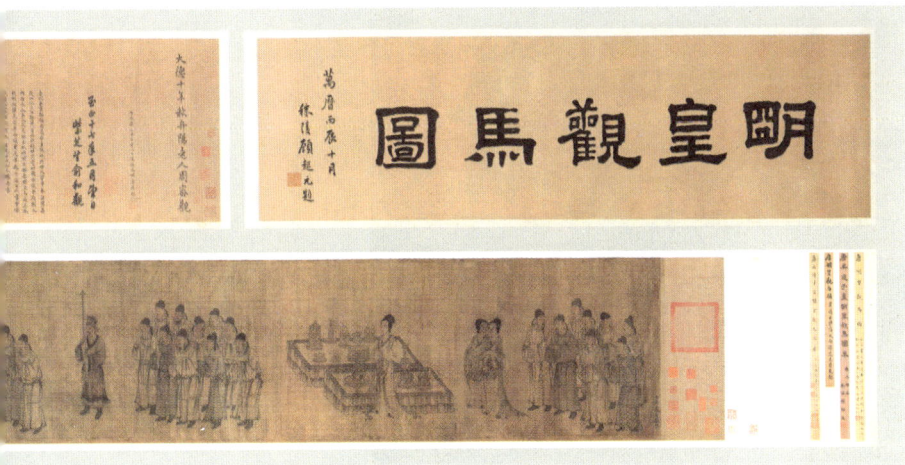

"变父之势，妙又过之，官至太子中舍，创海图之妙。世上言山水者，称大李将军、小李将军。昭道虽不至将军，俗因其父呼之。" 朱景玄在《唐朝名画录》中将其列入神品之下，对其评论是："思训格品高奇，山水绝妙，鸟兽草木，皆穷其态。昭道虽图山水鸟兽，甚多繁巧，智惠笔力不及思训……国朝山水第一。故思训神品，昭道妙上品也。"张彦远比较二李与同时代诸名手："（吴道子）于蜀道写貌山水，由是山水之变，始于吴，成于二李。树石之状，妙于韦鶠，穷于张通。通能用紫毫秃锋，以掌摸色，中遗巧饰，外若混成。"唐代山水画继承南北朝时期的艺术成就，形成特色鲜明的青绿山水派，"山水通神"的观

唐代李昭道《春山行旅图》（局部）

念已然深入人心，为诸人所接受。李昭道代表作品有《明皇幸蜀图》《春山行旅图》，现存台北故宫博物院。

其他方面，如以鞍马画闻名于世的曹霸、韩幹、陈闳、韦无忝诸人，都曾活跃在长安画坛，为世人留下了大量鞍马作品，如《牧马图》《照夜白图》等，均曾有摹本传世。还有以画牛闻名者，如韩滉、戴嵩。韩滉是长安人，张彦远在《历代名画记》中记："工隶书章草，杂画颇得形似，牛羊最佳。"传世作品有《五牛图》，现藏于故宫博物院。近来在陕西省西安市长安区发现了韩滉之父韩休墓，墓内壁画均为山水题材。以士族名门、儒学世家而兼有绘画家风之韩家，出土壁画之研究价值更为明显，属于稀世珍宝。戴嵩学习韩滉，不善他物，唯善水牛而已，故有"韩马戴牛"之说。再有，张萱、周昉则多涉猎仕女红

182

装，二人均是京兆长安人，张萱好画妇女婴儿，有《妓女图》《乳母将婴儿图》《宫中七夕乞巧图》《望月图》《秋千图》等，传世作品有宋徽宗临摹的《虢国夫人游春图》（辽宁省博物馆藏）、《捣练图》（美国波士顿美术馆藏）。周昉"初效张萱画，后则小异"，有《蜂蝶图》《按筝图》《杨真人陆真人图》《五星图》等，传世作品有《簪花仕女图》（辽宁省博物馆藏）、《蛮夷职贡图页》（台北故宫博物院藏）、《挥扇仕女图》（故宫博物院藏）。宋《宣和画谱》对其笔下多秾丽丰肥之态的解释是："昉贵游子弟，多见贵而美者，故以丰厚为体。而又关中妇人纤弱者为少，至其意秾态远。"宋人认为唐代关

唐代周昉《内人双陆图》（局部）

183

中妇女体态丰腴，纤细者少，结合燕瘦环肥之说，说明唐人有以肥为美的审美倾向。周昉早年效仿张萱，后来形成自己的风格，其画色彩柔丽，颇具风姿。

唐朝陕西籍的丹青名手还有善画鹤的边鸾、善画马的韦鉴、善画花鸟山水的韦銮二兄弟，以及善马也工山水的韦鶠（韦鉴之子）。其他还有杨公南、姜皎、杨坦、杨爽、杨仙乔、陈昙、李渐、李仲和、吕峣、于邵、董萼、许琨、樊淑、卢稜伽、张符等。

陕西关中地区考古出土了大量隋唐遗址，其中有些是带壁画的隋唐墓葬，尤其以唐陵陪葬墓为代表，如章怀太子李贤墓壁画中《客使图》《狩猎出行图》《马球图》《观鸟捕蝉图》等，懿德太子李重润墓之《阙楼图》《执扇宫女图》《驯豹图》，永泰公主墓出土之《侍女图》等，新城长公主墓出土之《侍女图》，房陵大长公主墓出土之《持杯提壶侍女图》《托盘执壶侍女图》《持花男装女侍图》等。另外，一些贵族官员的墓葬中也出现壁画，如李凤墓壁画《捧物男装女侍图》《三女侍图》，李寿墓壁画之《骑马出行图》，李爽墓出土壁画《吹筚篥的乐伎图》

唐代永泰公主墓壁画《宫女图》

《托盘女侍图》，韦洞墓壁画《高髻仕女图》，薛氏墓壁
画《戏鸟双鬟髻侍女图》，苏思勖墓壁画《乐舞图》《双
人抬箱图》，韦氏墓壁画《树下弹琵琶仕女图》《树下赏
花仕女图》，杨玄略墓壁画《朱雀图》，西安郊区出土的
《红衣舞女图》《宴饮图》《奏乐图》等。这些壁画的内

容题材广泛，富于生活气息，虽然大部分壁画的作者已无法知晓，但因为墓主人都是地位很高的特殊人群，所以壁画作者也能代表当时丹青绘画领域的最高水平。

隋唐两代长安佛寺很多附有精美壁画，据张弓统计见于记载者达 40 多所。朱雀街东有荐福寺、兴善寺、慈恩寺、唐安寺、光宅寺、资圣寺、宝刹寺、兴唐寺、菩提寺、净域寺、景公寺、青龙寺、安国寺、云花寺、宝应寺、永寿寺、招福寺、玄法寺、清禅寺等 19 所；朱雀街西有千福寺、崇福寺、化度寺、温国寺、奉恩寺、懿德寺、胜光寺、西明寺、净法寺、空观寺、海觉寺、褒义寺、大云寺、总持寺、庄严寺、兴圣寺、龙兴寺、崇圣寺、纪国寺、永泰寺、灵宝寺、宏福寺等 22 所。有壁画的寺院分布于全城的不同坊里，有利于京城居民观赏瞻仰，充分发挥寺院形象的教化功能。当时知名的美术家都有作品图绘于其间，如尉迟乙僧在长安 5 所寺院绘有壁画，光宅寺的《降魔变》，慈恩寺有《菩萨骑狮子》《骑象》《千钵文殊》，奉恩寺有他画的于阗国王像等。画圣吴道子在长安寺院中作品最多，长安 15 所寺院中有他的壁画 50 余幅，如安国寺有9幅,兴唐寺有7幅,其经变、神鬼、山水、人物、禽兽等无所不精。其中,兴唐寺的《金刚经变》《西方变》,景公寺的《地狱变》,荐福寺的《维摩诘本行变》等都是名作。其他如大画家韩幹有13幅画分布于京城各寺院,周昉有5幅画留在京城众寺。大云寺内东壁、北壁郑法轮画,西壁田僧亮画,外边四面杨契丹画《本行经》,寺内还有展子虔画迹,众妙毕备。时人有言:"只如田僧亮、杨子华、杨契丹、郑法士、董伯仁、展子虔、孙尚子、阎立德、阎立本,并祖述顾陆、僧繇。田则郊野柴荆为胜,杨则鞍马人物为胜,契丹则朝廷簪组为胜,法士则游宴豪华为胜,董则台阁为胜,展则车马为胜,孙则美人魑魅为胜,阎则六法备该,万象不失。所言胜者,以触类皆能,而就中尤所偏胜者,俗所共推。"大云寺一所寺院能集中4位画坛名手之作,难怪京城人赞不绝口。

著名画家均以留画于寺而自豪。据唐人张彦远《历代名画记》统计,除上述9人外,曹霸、杨惠之、尹琳、王维、杨廷光、郑虔、张孝师、边鸾、李果奴、张璪、韦鸾、毕宏、董谔、李真、朱审、陈静心、程雅、李生、李

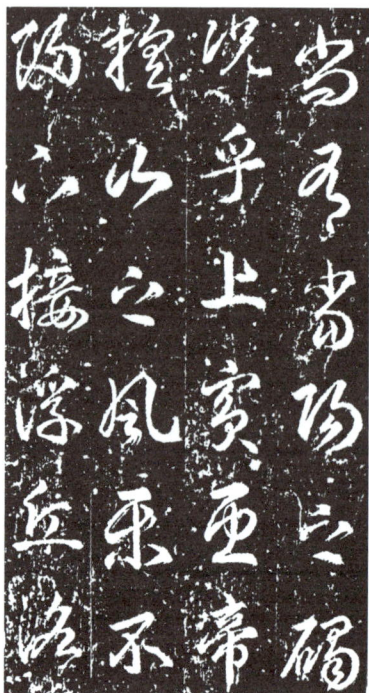

唐代武则天 《升仙太子碑》

昭道、杨仙乔、陈闳、卢稜伽、王韶应、李昌、李重昌、耿昌言等唐代画坛名手均有画作留在京城寺院。众多美术家精心绘制的画作，为长安寺院增添了无穷的魅力。京城内外之民众置身其中，犹如置身于艺术博物馆，在感受艺术之博大精深之同时，也接受了佛教之潜移默化。

京城寺院不仅有壁画装饰廊壁、殿门、塔壁，也有著名书法家题书画旁。寺院立碑题额均请贤达名流且精于书艺者书写，故京城寺院在书法题铭上也各展其秀。如海觉寺由欧阳询题额；西明寺由刘子皋书额；定水寺更是将王羲之题额自荆州运到京城长安。其中，有一寺之额由几人题写的例子。如玄法寺有虞世南书、怀素书；千福寺之寺额由上官昭容（婉儿）书，其内之东塔院额为高力士书，西塔院由唐玄宗题额。也有一人题写数寺的情况。如武则天就为崇福寺和荐福寺题额，不仅因为武氏之政治地位，也因为她的飞白体确实独树一帜。更有甚者，书法名家殷仲容一人就为资圣寺、化度寺、影净寺、济度寺、庄严寺等5寺题写寺额，其名气竟超过帝王将相，可知诸寺题额请谁考虑更多的还是书法成就的高低，书法艺术的永恒魅力让佛寺的永恒成为可能。

不仅寺额要请名手题写，寺内题壁书碑题赞更是如此。如千福寺之寺额由上官婉儿书写；寺内还有太宗撰《圣教序》，由沙门怀仁集王右军书而成；更有《楚金和尚法华感应碑》由颜真卿书，徐浩篆额，碑阴由沙门飞锡撰，吴通微书；北廊堂内有南岳智顗思大禅师法华七祖及弟子影，韩幹画，沙门飞锡撰并书；院门北边碑由颜真卿书，南边碑由张芬书；向里面壁上碑，吴通微书，僧道秀撰；石井栏上篆书李阳冰；东阁由唐肃宗置，面东之碑由韩择木八分书，王据撰；天台智者大师碑由张芬书。一寺之中，名家如林，颜真卿、徐浩、吴通微、张芬、韩择木、上官婉儿、沙门飞锡等，就连篆书名家李阳冰也只能于石井栏上题书。

又吴道子自画自题存于慈恩寺、景公寺、安国寺、崇福寺，兴唐寺有徐浩为韩幹画一行大师题赞，净域寺有杜怀亮为张孝师之《地狱变》书榜子，同寺也有王什为王韶应之画书榜子。张彦远说："王什、杜怀亮书，人罕知，有书迹甚高，似钟（繇）书。"此二人之书法有钟繇之风，净域寺内的题榜是张彦远发现的，他因此而洋洋自得。西明寺由刘子皋书额，褚遂良书东廊东面《传法者图赞》，欧阳通书《昙柯迦罗赞》。褒义寺有卢稜伽涅槃变、自画自题等等，不一而足。

京城寺院之间形成一种名寺必有名画名书、名手必留画于名寺名刹的风气，寺因画而显，画凭寺而闻，二者相得益彰。名画集中、名碑聚齐、名书荟萃、名人出入，再加上名家典故等，都是京城寺院成为名寺的必备条件。同时，这些方面也是寺院文化氛围的形成因素。当然其他因素也很重要，如是否国寺、皇家寺院，有无贵族卿相支持，有无高僧大德，有无经济实力等方面也至关重要。

第三节　乐舞和百戏

梨园位于唐长安城禁苑，与长安城的桃园、樱桃园、葡萄园、杏园相类似，不过是长安城区的一处园林胜景，以树名园也是当时的习惯做法，并无特别之处。但中文"梨园"一词，自唐朝以后就不再专指园林，反而与戏曲艺苑联系在一起，并且家喻户晓，其本意却被人淡忘了。唐朝诗人白居易曾写过一首《梨园弟子》诗，诗云："白头垂泪话梨园，五十年前雨露恩。莫问华清今日事，满山红叶锁宫门。"白氏诗中有感于一位梨园弟子半个世纪的沧桑变化，同时也想借此表达自己一种复杂

唐代三彩釉陶载乐骆驼

的情绪。这种情绪里面夹杂着他对盛世不再来的忧虑和对往事不堪回首的感叹。这是中唐以后许多唐人都曾有过的一种怀旧意识，梨园在那些怀旧意识中占据了比较特殊的地位。

一、皇帝梨园弟子

唐代宫廷音乐分工较细，到唐玄宗时按技艺高低分成坐部伎与立部伎，堂上坐奏的称坐部伎，堂下立奏的称立部伎。有专门的机构负责考核升降，坐部不称职，归入立部，立部不称职，退为雅乐。

唐玄宗本人精通音律，酷爱法曲，在政事之余，就从坐部伎子弟中精选300人在蓬莱宫附近的梨园教习法曲，称作皇帝梨园弟子。后来，又精选数百宫女，作为梨园女弟子，在宜春北苑演习。合乐排练中，哪位声音不合拍，皇帝一定能听出来。宫廷的梨园法部中，还包括梨园法曲小部，由30余人组成，年龄都在15岁以下，类似于今日的少儿乐团。

这些乐团不一定都住在梨园，但因为最早设在梨园，故均以梨园为称，以至于太常有梨园别教院、洛阳梨园新院、华清宫梨园等名目，他们无论从演习、排练还是住址都不在梨园，但仍以梨园为名。按常理推测，凡是皇帝行幸出巡都会有乐队陪从，所到之处梨园弟子都应有专门住处，可能各行宫别馆也有以梨园为名的情况。唐以后，不仅官府戏曲艺苑可称梨园，民间音乐戏曲机构也可称梨园，而所有戏曲演员都被称为梨园弟子。

当梨园弟子规模越来越大的时候，杨贵妃也曾招收了一批贵妃琵琶弟子。有一名叫白秀贞的宦官，在成都得到一把非常稀奇的琵琶，献给了杨贵妃，琵琶槽是用逻逤檀制成的，清润如玉，琵琶上还用金丝缕成了双凤图案，贵妃一见之下，爱不释手，常常怀抱琵琶，奏于梨园，听着琵琶发出凄婉激越的音声，诸王、公主以及朝贵都怡然陶醉，争着要做贵妃的琵琶弟子。从那以后，贵妃每次给他们传授琵琶新曲，都能得到大量的进献之物。种种迹象表明，杨贵妃的音乐舞蹈才能

唐代枫苏芳染螺钿槽琵琶

193

唐代紫檀螺钿阮咸

是极佳的，但她教授琵琶弟子的效果却微不足道，很少有人知晓。

在这方面，玄宗皇帝的梨园弟子则大不相同，梨园集合了许多技艺高超的音乐家，必定会推动乐舞的发展。身任三道节度使的安禄山又从范阳带来了几百支白玉箫，都献给梨园，从那以后，乐队音响清越动听，如同仙音神韵。天宝十四载（755），正是"火山"喷发的前夕，唐玄宗在华清宫为贵妃庆祝生日，他安排了小部音声演奏刚刚谱写的新曲。新曲尚未定名，正在想如何给新曲命名时，南方送来了进贡荔枝，于是就把新曲命名为《荔枝香》，在场的人都为此欢呼雀跃，声音久久回荡在山谷林间。哪曾想到，这场欢宴竟是唐玄宗和杨贵妃的最后一次狂欢，以后的事情出乎所有人的意料，唐诗人杜牧有诗云："一骑红尘妃子笑，无人知是荔枝来。"

唐朝开元、天宝年间，宫廷音乐、官府音乐大发展，经过天宝末年乱离之后，许多身怀绝技的教坊乐工、梨园弟子都流落到民间，或独守空船，或卖唱为生，经历了一次天上人间的巨变，真所谓"旧时王谢堂前燕，飞入寻常百姓家"。这种国破家亡的日子，无意之中却为民间技艺注入了一股活力，过去只为皇家服务的伎人乐工，把绝技带到了民间，被迫在民间传播艺术和从事艺术活动。随后，不少唐人偶然会在某地遇到身怀绝技的梨园弟子或教坊艺人，他们用艺术向人们倾诉，用技艺诠释新的人生经历。

二、同是天涯沦落人

元和十年（815）的一天，被贬官在九江的白居易与友人在浔阳江头送别，举酒欲饮时听到江上有人弹奏琵琶，白居易马上就听出这铮铮作响的琵琶声来自京城长安，与呕哑嘲哳的山歌村笛不可同日而语。他遂与友人寻声暗问，原来是一名犹抱琵琶半遮面的商人妇，因丈夫外出而独守空船。在白氏的再三请求之下，那位妇人又为他们弹奏了一曲。妇人绝妙的演奏让白氏体验到无声胜有声、有情似无情的境界，琵琶声中，白居易仿佛又回到了长安的花花世界之中，而那位商人妇也陶醉在对旧时岁月的回忆之中。

原来，这位女子本是长安倡女，13岁就学成了琵琶，因为色艺俱佳而列名于教坊中的第一部，师从琵琶绝手曹善才、穆善才，他们都是教坊里的一流乐师。经过几年春花秋月之后，年老色衰、门前冷落的她，只好远嫁到江湖之间，委身于一名茶商。商人又重利轻离别，妇人只好在江中以琵琶唤起对昔日的美好回忆，来打发眼前独守空船的无限愁绪。琵琶女的倾诉与贬官江州的诗人形成共鸣，白居易蘸着泪水写出了"同是天涯沦落人，相逢何必曾相识"的千古绝唱。

三、一舞剑器动四方

大历二年（767），诗人杜甫偶然观看了李十二娘的剑器舞，从她剑法中所爆发出的雷霆万钧之气势就觉得非民间其他艺人可比，仔细询问才知道她是梨园公孙大娘的传人。他们之间的一段对话让杜甫陷入深深的回忆之中。公孙大娘是开元年间宜春梨园中的舞女，当时她的剑器舞独步京城。杜甫在少年时曾有幸亲眼观看了公孙大娘的剑

唐代彩绘陶倒立杂技童俑

器浑脱舞。那时公孙大娘玉貌锦衣，宛如仙子，而她的剑器舞更是酣畅淋漓，矫若惊龙，势若浮云，四面如山的观众面对眼前的刀光剑影，无不脸色沮丧惨白。据说，唐代草书圣人张旭的书法就是在观看了公孙大娘的西河剑器舞以后才突飞猛进。我们今天是无法看到公孙大娘的剑器舞了，但通过欣赏张旭如行云流水般的书法作品，似乎隐约看到公孙氏舞剑时的风韵，通过玩味杜甫的《观公孙大娘弟子舞剑器行》诗，体会她"一舞剑器动四方"的艺术境界。

面对昨日的辉煌与眼前的萧条，杜甫与李十二娘深有同感，五十年前的公孙大娘年轻美丽，又生逢盛世，而五十年后的现在，白首诗人与半老伎人相对而言，他们一起为"梨园弟子散如烟"而感叹不已，又共同为"女乐余姿映寒日"而共勉。

四、落花时节又逢君

李龟年是梨园弟子中非常出色的一员，不仅歌声美妙，而且会吹觱篥、能打羯鼓，可谓多才多艺，是古今音乐界中不可多得的奇才。开元中，皇帝对他恩宠有加。最得意的时候，他的住宅豪华无比，中堂制度甲于都下，甚至超过了王侯贵戚。他们弟兄三人都很有才名，长兄李彭年擅长舞蹈，次兄李鹤年能引吭高歌，尤其以《渭川曲》为最好，兄弟三人成为京城中最引人注目的伎人，经常出入于宫廷、王侯贵族之家。

安史之乱后，李龟年几经艰难流落到了江南，每逢良辰节日，人们都呼朋引伴，或置酒

唐代三彩叠置伎

198

欢宴，或赏胜取乐，这个时候，就会把李龟年找来高歌数曲，围观的人们听到他那嘹亮浑厚的歌声，无不为他的身世遭遇而凄然泪下，以至于中途而罢宴。同样颠沛流离的杜甫，竟出乎意料地在江南遇到了李龟年，有感于他们共同的身世遭遇，就写了一首诗赠给他："岐王宅里寻常见，崔九堂前几度闻。正值江南好风景，落花时节又逢君。"

五、楼前长竿妙入神

唐朝百戏中有一种非常惊险的游戏，或称戴竿，或称缘橦。表演时，一人肩上竖一根长木棍，另有几人缘竿而上，这种活动类似于后世的杂技。它的难度在于竿长人多，当时幽州刘交所戴长竿能达到 70 尺，最多能有 12 位少女置于竿上，足以让人触目惊心。

唐玄宗为了表示对安禄山的宠幸，专门赐给他一批宫廷戴竿伎人，从此幽州戴竿人的技艺大增，能够肩戴百尺长竿，24 人于竿梢同时表演，有的在竿上表演腾飞跳跃，有的则在竿梢模仿猿猴、飞鸟，令观众惊心动魄，胆子小的人在一场表演中几次捂住眼睛，不敢往下看，而他们则整天表演也没有半点恐惧。这几位宫廷伎人来到幽州后，不仅提高了技艺，而且使竿伎人数也有很大突破，转相教习，训练了500多人从事此伎。

天宝十五载（756），奚族、契丹族乘幽州军队南下攻打两京之机，大举围攻幽州。其时镇守幽州的大将是向润客，手下只有数千老弱残兵，无奈之下，只好把500多戴竿伎人也组成战斗队，以为他们身手敏捷，可以在战场上发挥更大的作用。没想到在城北清水河一战中，这些伎人大部分被奚兵所杀，只有三四个藏在草丛中才幸免一死。幽州儿童编成童谣，到处唱着："旧来夸戴竿，今日不堪看。但看五日里，清水河边见契丹。"原来是御用乐伎，不幸落到战场之上，连他们自己也没弄清自己是乐人还是战士，就稀里糊涂地死在了战场上。

隋唐宫廷宴享典礼所用乐舞常被称为燕乐，有广义和狭义之分，九部乐或十部乐之第一部名燕乐，属于狭义；而宫廷典礼整套乐部则属于广义。唐代燕乐兼具礼仪性、艺术性和娱乐性。隋朝统一后制定了著名的宫廷燕乐，始为七部乐，后增为九部乐，分别名为清乐、西凉、龟兹、天竺、康国、疏勒、安国、高丽、礼毕。唐代继承了隋的九部乐，贞观中废除了礼毕，创制了燕乐，列为第一部，又增加了高昌乐，成为十部乐，即燕乐、清乐、西凉乐、天竺乐、高丽乐、龟兹乐、安国乐、疏勒乐、康国乐、高昌乐。宫廷设置这些乐部的目的是要显示国力的强盛和万国来朝的繁荣景象。

音乐往往与舞蹈联系在一起，当时长安流行的舞蹈大概分为软舞和健舞两大类。软舞有凉州、绿腰、苏合香、屈柘、甘州、回波乐。健舞有阿连、柘枝、剑器、胡腾、胡旋、浑脱等。健舞中的柘枝舞、胡腾舞和胡旋舞均来自中亚的石国和康国，唐诗中多见对柘枝、胡旋的描述。如白居易《胡旋女》诗："胡旋女，胡旋女，心应弦，手应鼓。弦鼓一声双袖举，回雪飘飖转蓬舞，左旋右转不知疲，千匝万周无已时。人间物类无可比，奔车轮缓旋风迟。"从舞态和舞姿上极其生动地状写旋转如飞的胡旋舞。胡腾舞从西域石国传入唐朝，舞者表情是"扬眉动目踏花毡"；其动作急促，"环行急蹴皆应节，反手叉腰如却月"；舞者"红汗交流珠帽偏"，观众则"四座无言皆瞪目，横笛琵琶偏头促"。正是关于胡腾舞的形象描述。柘枝舞也来自中亚，舞姿美妙，卢肇《湖南观双柘枝舞赋》记其舞姿"缥缈兮翔凤，婉转兮游龙"，其动作"来复来兮飞燕，去复去兮惊鸿"，其眼神"善睐睢盱，偃师之招周伎"。这三大乐舞在开元、天宝时曾风靡长安。

唐朝音乐受益于胡乐。唐朝在制定雅乐时，祖孝孙上奏道："陈、梁旧乐，杂用吴、楚之音；周、齐旧乐，多涉胡戎之伎。于是斟酌南北，考以古音，作为大唐雅乐。"充分吸收国内各少数民族音乐和外国音乐。所用的乐器与演奏各具民族与国家的特色，如胡笳、羯鼓等。胡乐与汉乐在唐时的相互融合，形成了独具大唐特色的音乐文化。

第五章

科技与数术

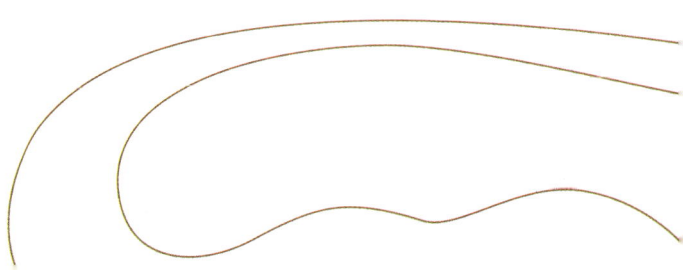

第一节　天文历法

1977 年陕西省长安县发现了唐代天文学家瞿昙譔墓，由唐代张翃撰写的《唐司天监瞿昙譔墓志》为我们提供了掌管唐朝司天台百余年之久的瞿昙家族的重要资料，也是研究唐代长安科学技术的重要资料。墓志提到瞿昙譔"世为京兆人"，一家四代"家习天人之学"，曾为唐朝制定历法、观察天象、翻译天竺历法、编写《开元占经》等天文学资料。其中瞿昙罗曾以《麟德历》为本编制《经纬历》，武周时又编制《光宅历》，颁行 700 多年。瞿昙悉达曾在高宗时期奉命翻译天竺《九执历》，后又编撰《开元占经》一书，介绍了天竺的数学知识，包括位值制数码、圆弧量法和弧的正弦，保存了我国古代很多天文资

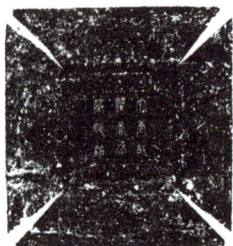

唐代司天监瞿昙譔墓志

料。《新唐书》卷二七上《历志》三上记载瞿昙譔曾与著名天文学家僧一行、南宫说、陈景玄为同事，曾编制瞿昙氏历，与国家颁布的《至德历》参照实行。瞿昙晏继承家学传统，也任职于司天台。

隋唐时期，著名历法有傅仁均造《戊寅历》，李淳风造《麟德历》，南宫说造《神龙历》，僧一行造《大衍历》等，民间流行《符天历》。

隋时耿询发明了用水力转动的浑天仪和马上刻漏，《隋书·耿询传》记："询创意造浑天仪，不假人力，以水转之，

206

施于暗室中，使（高）智宝外候天时，合如符契。"不仅制成的水动浑天仪精确巧妙，耿询所创的马上刻漏也解决了行军途中计时难的问题，是古代科技发明解决现实难题的先例，在天象观察和野外计时方面取得突出成绩。刘焯测定岁差为76年差1度，已接近准确值，并且制定《皇极历》，提出等间距二次内插法的公式。隋朝丹元子，按照晋人陈卓所定的星座，把周天283官1464星分为31大区，即3垣28宿，编成一篇七字长歌，叫作《步天歌》。其最大特色就在于以文辞浅近、带有韵律的长歌达到步天识星的效果，为当时天文知识的宣传和普及起到了不可低估的作用。

唐朝著名的天文学家有傅仁均、李淳风、僧一行等。其中，李淳风是岐州雍人，精通步天历算，曾参与编修《晋书》和《五

李淳风像

代史志》之律历、天文、五行三志，制定了《麟德历》取代《戊寅历》，注解算学教程《五曹》《孙子》，并且撰写《典章文物志》《乙巳占》等书流传后世。贞观七年（633），用铜制成浑天仪，配置在太极宫中之凝晖阁。

僧一行是唐代杰出的天文学家，俗名张遂，为了观察七曜的运动和位置，他与梁令瓒创造了黄道游仪，发现了恒星位置也在移动的现象。他在前人基础上制定了《大衍历》，长期沿用。在他主持和倡议下，开元十二年（724），在全国24个地点测量北极高度和日影长度，是人类首次实测地球子午线。子午线即地球的经度线，测量子午线的长度可以确定地球的大小，是地理学、测地学和天文学上的重要数据。同年，一行出于制定历法的需要进行实地测量工作。这次实测选择了12个地点，主要观察冬至、夏至和春、秋分日太阳在正南方向的影子长度。经过观察发现原来相传"南北地隔千里，影长相差一寸"的说法是错误的，得出南北距离相差351里80步，北极高度相差一度，虽说此数据的误差也不小（13.9%），但一行是世界上首次实测子午线的人，把地理纬度测量和距离结合起来，既为制定新的历法创造了条件，也为以后的天文大地测量奠定了基础。

第二节　雕版印刷术的发明

隋唐之前就已发明的造纸术，在唐代向西方传播，成为中国向世界做出的一大贡献。纸的出现逐渐淘汰了甲骨、青铜、竹木、玉石、绢帛、兽皮等书写材料，使书写更方便，原料更普遍，保存更简便，因而广为世人所接受。同时，书写技术也在隋唐时期更加成熟，笔、墨、文字的进步为印刷术的出现准备了条件。再者，魏晋南北朝隋唐是佛教、道教大发展时期，有"民间佛经多于六经数十百倍"之说，信徒迅速增加，经典需求随之加大。更为重要的是隋唐推行科举考试，读书习经，诗词歌赋盛行全国，以文学选贤、以诗赋取士成为制度。文化传播、思想交流、社会发展要求更先进的书写技术，印刷术也就应运而生。

目前关于雕版印刷发明的时间有多种观点，对于隋唐长安（大兴）在雕版印刷术起源中的地位，很多学者曾经有过研究，一种观点从长安东市印刷业的实态出发认为世界最初的印刷业始于中国唐代；一种观点主张雕版印刷术的发明首先始于民间，史书记载滞后于实际发明，隋代出现雕版印刷术的说法是能站住脚的；还有一种观点认为敦煌遗品中的3件唐代长安印刷品证明国都长安东市为中国印刷业的一个中心。20世纪六七十年代，西安考古出土了3件唐代《陀罗尼经咒》梵文印本，而出土于甘肃敦煌藏经洞的几件文书更是明确标示"上都"或"京中"之字，如《新集备急灸经》一卷咸通二年抄本题"京中李家于东市印"一行，《崔氏夫人训女文》尾题："上都李家印《崔氏夫人》一本。"现藏于英国伦敦博物院图书馆的敦煌印本历日，上题："上都东市大刁家大印。"另1966年在韩国发现的木刻《陀罗尼经》刻于公元704—751年之间，据杜石然等专家考订是在当时京师长安翻译和雕印的。与3件西安出土梵文印本比较，发现唐代长安印刷的书籍，几乎涉及日常生活中的各个方面，有医书、历日、训俗书、宗教经书等。而传世文献记载还涉及佛经、道书、诗歌、字书、杂类等。

字书、杂类。如日本僧人宗睿《新书写请来法门等目录》中记："西川印子《唐韵》一部五卷，同印子《玉篇》一部三十卷。"这些从唐朝带去日本的书应该属于印刷品。唐人柳玭《柳氏家训·序》曰："中和三年（883）癸卯夏，銮舆在蜀之三年也。余为中书舍人，旬休，阅书于重城之东南，其书多阴阳杂记、占梦相宅、九宫五纬之流，又有字书、小学，率雕板，印纸浸染，不可尽晓。"柳玭在唐时见到蜀地书肆中出售的阴阳杂占、字书、小学之类均明确提到为雕版印刷。

道书。如唐人范摅在《云溪友议》卷下记纥干尚书泉"及镇江右，乃大延方术之士，乃作《刘弘传》，雕印数千本，以寄中朝及四海精心烧炼之者"。一次可雕印数千本《刘弘传》，正是宗教徒接受印刷技术的原因。

诗歌。唐代诗人元稹在《白氏长庆集序》中记道："缮写模勒，炫卖于市井，或持之以交酒茗者，处处皆是。（自注：扬、越间多作书模勒乐天及予杂诗，卖于市肆之中也）。"元稹、白居易的诗歌经过模勒后拿到市肆中买卖。

历日。唐文宗大和九年（835），东川节度使冯宿奏："准敕禁断印历日版。剑南两川及淮南道，皆以版印历日鬻于市。每岁司天台未奏颁下新历，其印历已满天下，有乖敬授之道，故命禁之。" 政府新历尚未颁布，几道版印历日已私售天下，版印历日在当时已形成相当规模。唐末也有历日印货之记载，据《唐语林》卷七记："僖宗入蜀，太史历本不及江东，而市有印货者，每差互朔晦，货者各

唐代雕版印刷《金刚经》（局部）

212

征节候，因争执，里人拘而送公。"历日市场很大，正是版印日历的存在空间。

佛经。唐人冯贽在《云仙杂记》卷五记载："玄奘以回锋纸印普贤像，施于四众，每岁五驮无余。"玄奘将印好的普贤像大量施予民众，但此是拓印还是版印，尚不清楚。另外还有引用最多也是争议最大的一条史料，《历代三宝记》卷十二有："废像遗经，悉令雕版。"向达先生已就其疑义进行辨析，如果与咸通本《金刚经》相比，敦煌所出之六页本雕版技术上乘的《金刚经》虽题"咸通九年四月十五日王玠为二亲敬造普施"，但其精美雕印显示中国本部雕印书籍之业，在此之前已经成熟兴盛。

雕印技术的出现对当时和后世影响深远，同时也对世界文化贡献极大。印刷术的发明是人类文明史上的重大历史事件之一，英国人培根、德国人马克思都曾对印刷术给予很高评价，英国学者李约瑟在《中国科学技术史》第5卷中明确提出印刷术产生于中国，他认为："整个人类文明史中，没有比纸和印刷的发展更重要的了。"对于印刷术等技术来说，任何评价都不过分。

第三节　医药技术

隋唐医药管理分在太医署和尚药局，医学已有很大进步，出现了许多名医和医药学名著。隋代医学家有许智藏、许澄、甄权、巢元方等人。巢元方撰有《诸病源候论》50卷，大业六年（610）成书，是我国第一部详论疾病分类和病因、病理的著作，甚至记载外肠缝合病例。甄权究习方术，尤擅长针灸疗法，鲁州刺史库狄嵚患风痹，无法拉弓，甄权命人取来弓矢，以针刺肩，说可以举箭一试，果如其言。甄权撰有《脉经》《针方》《明堂人形图》等。其子甄立言继承父业，也成为名医，撰《古今录验方》50卷、《本草音义》7卷。

唐代名医如宋侠、许胤宗、张文仲、李虔纵、韦慈藏、孙思邈、王焘等，他们不仅医术高明，而且道德高尚，大部分曾在京城长安行医治病。如许胤宗曾经以医术遏制住关中一场严重的瘟疫。《新唐书·方伎传》记唐武德中，关中暴发骨蒸病，转相染习，得者皆死，众医者出诊均不见疗效，而许胤宗疗视必愈。许胤宗深知悬壶济世之理，既是救人，也是救世。宋侠以医术著名，官至医藏监，撰《经心录》10卷。张文仲在武周时任尚药奉御，论风与气尤精，武后令王方庆召集医方有效者与他共撰医书，著成《四时轻重术》凡18种。

唐高宗时由政府主持修订了一部《新修本草》，是世界上第一部由国家编定和颁布的药典。显庆二年（657），苏敬上言："陶宏景所撰《本草》事多舛谬，请加删补。诏令检校中书令许敬宗、太常寺丞吕才、太史令李淳风、礼部郎中孔志约、尚药奉御许孝崇，并诸名医等二十人，增损旧本，征天下郡县所出药物，并书图之，仍令司空李勣总监定之。并图合成五十五卷，至四年正月十七日撰成。"书成奏上后，高宗问："《本草》行来自久，今之改修，何所异也？"于志宁回答说："旧《本草》是陶宏景合《神农本经》及《名医别录》而注解之，宏景僻在江南，不能遍识药物，多有纰谬，其所误及《别录》不书，四百有余种，今皆考而正之。《本草》之外，新药行用有效者，复百余种，今附载之，此所以为胜也。"修成后的《唐本草》共 55 卷，图文并茂，改正旧籍之误或补充新药 500 余种，成果显著。

是否如其所述新增 500 多种药物呢？据《唐六典》卷十四《太常寺》"太医署"条记唐玄宗时期，凡药 850 种，《神农本经》360 种，《名医别录》182 种，《新修本草》114 种，194 种有名无用。由此可知，李勣监修、苏敬主持的《新修本草》补充新药百余种是可信的。此次编修的成果在《六典》中已经吸收。但同样参与此次编修的孔志约在《唐本草》序中有不同的记载："（诏）尚药奉御臣许孝崇等二十二人，与苏恭详撰……撰《本草》并《图经目录》等，凡成五十四卷。"此处提议编修者为苏恭，不是苏敬，参加人数是 22 人，不是 20 人，修成的书是 54 卷，也不是 55 卷，不知何故。关于参加编修人数，《新唐书·艺文志》详细记录了参修者姓名，加苏敬 23 人，与孔志约所记相同，应以 23 人为是。特别值得一提的是，此处提到除 5 名官员外的 17 位唐代名医，是现有史籍中记载最集中的医者名单，包括尚药奉御许孝崇、胡子豪、蒋季璋，尚药局直长蔺复、许弘直，侍御医巢孝俭，太子药藏监蒋季瑜、吴嗣宗，药藏丞蒋义方，太医令蒋季琬、许弘，太医丞蒋茂昌，太常丞吕才、贾文通，太史令李淳风，潞王府参军吴师哲，礼部主事颜仁楚，右监门府长史苏敬。关于苏敬何以称苏恭，我们不得而知，但赵璞珊在《中国古代医学》中认为因避讳而改名苏恭。

事实上，唐代本草学十分盛行，除官修《本草》外，还有一些本草医籍，如孟诜的《食疗本草》、甄权的《药性本草》、陈藏器《本草拾遗》、李珣《海药本草》、韩保升《蜀本草》、郑虔《胡本草》、陈士良《食性本草》等。甚至唐人消遣也用到本草，如唐户部郎侯味虚著《百官本草》、贾言忠撰《监察本草》、张说撰《钱本草》等。以本草嘲讽社会百态，正反衬出时人对本草的熟悉程度。

隋唐时期，关中地区涌现了一大批名医，其中孙思邈、王焘以其卓越的医术不仅惠泽当时，也影响了后世。孙思邈，京兆华原（陕西铜川市耀州区）人，主要活动在隋到唐初。他不仅善于治病疗疾，也精通百家老庄之说，在推步导养等方面都有所涉及，尤以医术高明而被人称为

"药王"，曾经隐居关中五台山、太白山。他既阅读很多医籍药典，也大胆地摸索创新，用一生时间完成《备急千金要方》和《千金翼方》各30卷。他在《备急千金要方·自序》中讲道："乃博采群经，删裁繁重，务在简易，以为《备急千金要方》一部，凡三十卷。虽不能究尽病源，但使留意于斯者，亦思过半矣。以为人命至重，有贵千金，一方济之，德逾于此，故以为名也。"由他提出的人命贵于千金的思想，成为后世行医治病的典训。他在《千金翼方·序》中又提出："由是检阅秘幽，搜求今古，撰方一部，号曰《千金》……更撰《方翼》三十卷，共成一家之学。"二书都以"千金"命名，显示孙思邈淡泊名利、坚持治病救人的高尚医德。据说他首先提出"复方"之说，即多方治一病，一方治多病。他的《千金翼方》中保存了《新修本草》的大部分内容，如果不是他的记录，现在我们要了解这本古代医典就会受到相当限制。宋代曾于孙氏故里耀州将《千金要方》的摘要本《千金宝要》刻成皇皇巨碑，现仍有4块丈余高的石碑幸存于"孙思邈纪念馆"中，而原书却散佚脱简了。因为石碑只是原书的摘要，我

们已不能见到完整的《千金
要方》，实在是一件令人遗
憾的事情。后人为了纪念他，
就把他生前曾经隐居、采
药、制药的五台山改名为药
王山，现在陕西省铜川市耀
州区的药王山已成为关中北
部地区的名山圣地。

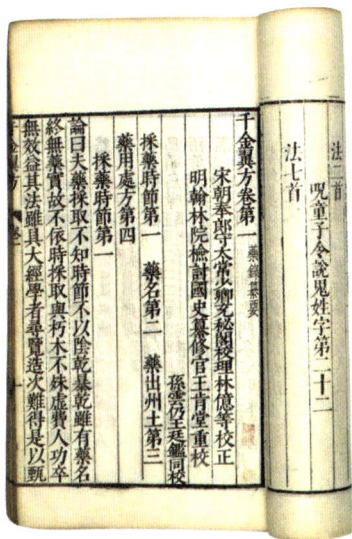

明代刊本《千金翼方》

　　王焘是陕西眉县人，少时多病，喜好医术，曾任职弘
文馆，有机会阅读大量的国家藏书，并做了详细的摘录，
撰成《外台秘要》40 卷，包括 1104 门，搜集 6900 多方，
涉及伤寒、温病、杂症、五官、外科、妇产、小儿和明堂
灸法等，所列之方都注明出处来源，显示了他治学态度的
严谨，至今仍对临床治疗有参考价值。

　　唐代医学分成体疗、疮肿、少小、耳目口齿、角法等
五科，从医人员分成医师、针师、按摩师、咒禁师四类，
主要学习《本草》《明堂》《脉诀》《素问》《黄帝针经》
《甲乙经》等。从贞观三年（629）起，唐政府在诸州县设

立医学，培养医学人才。为提高对疾病的抵抗力，政府经常性地将常用药方颁发天下，如《广利方》《广济方》，或在村坊要路榜示，或将医方刻石竖碑，当时阿拉伯商人曾在唐代内地见到过这样的情景："有一石碑，高十肘，上面刻有各种疾病和药物，某种病用某种药医治。如果其个人很穷，他还可以从国库中得药费。"正与我国文献相印证。正因为唐朝朝野都重视医药，才出现了那么多的名医和医学名著。

不仅甄权运用针灸术治病，隋唐许多医者都常用针灸之法治病救人，唐代相关医籍中也多收录针灸图。如孙思邈曾绘制了三幅大型彩色针灸图，分别把人体正面、背面和侧面的十二经脉用五色绘出，把奇经八脉用绿色绘出。而王焘又分绘成十二幅彩色挂图，也用不同的颜色绘出十二经脉和奇经八脉。针灸法已经列入唐朝的医学教学课程中，甚至唐太宗在退朝之后因观看经脉图而发现人体经脉多分布于背部的现象。

唐人不仅应用传统疗法除疾疗病，也尝试一些新方法，如外科方法也有用到。如唐高宗李治晚年经常感觉头昏眼花，什么也看不见。武则天对此有自己的想法，表面上很着急，内心里则是治好与治不好都无所谓。高宗疼痛难忍，就召来御医张文仲和秦鸣鹤会诊。秦鸣鹤说："皇帝是风毒上攻，如果能刺头流点血，就会好转。"武则天在帝子背后马上大发雷霆，说："这人可杀，天子的头上怎么是他试验出血的地方？"秦鸣鹤吓得跪在地上叩头请求饶恕。唐高宗这时说话了："医生讨论病状，原则上是不能治罪的。我头重憋闷，似乎快不能忍受了，流点血未必就不是好事，你就随便治疗。"秦鸣鹤就用针刺高宗的百会和胇户穴出血。唐高宗忽然惊叫："我的眼睛又能看见了。"话还没说完，武则天就从帝子背后出来向秦、张二人施礼说："这真是上天赐给我的良师神医。"并亲手拿出珍宝赏赐他俩。医术不是政治，刺血疗法直到现在有时也仍使用。

又如武周时期，来俊臣等一批酷吏滥用刑罚，大搞罗织，百官人人都自身难保。太子李旦也被怀疑，有人诬告他有异谋，来俊臣就对他手下的人员进行拷问，有人屈打成招，而乐工安金藏咬牙挺住，大声对审判官说："你们如果不信我安金藏的话，那我就剖心自明，以保证皇子不反。"随即用一把锋利的刀子，一下插进自己的腹部，然后向下一拉，哗的一下，五脏都跌出来，血流满地，气绝而亡。武则天听说此事以后，立即让人抬进宫中，派医师把他的五脏如数放回腹腔中，用白桑皮把伤口缝合，又涂上药，过了一个晚上，安金藏竟然奇迹般地苏醒过来。武则天前来慰问，说："我连我自己的儿子都不相信，还要你来以死证明，实在是不应该。"于是下令停止审问此案。这个案例经常被认为是唐代用外科方法治病的典型。

实际上，这种开腹又缝合的情况在唐代并非一例。唐将李祐的妻子姜氏也有类似的经历，她被乱兵用刀划开腹部一尺多长，当即气绝倒地，由于李祐及时赶到为她敷药裹伤，过了一夜后复苏。当时她正在妊娠期，伤好后，居然还能把孩子生出来，这在当时并没有外科的唐朝简直就是天大的奇迹。

唐人崔慎由左眼曾长出了一块赘肉，把眼睛都遮住了，医久无验，听说扬州有一位姓穆的眼医可以治此病，就让判官杨收去邀请。杨收去后一打听，知道还有一位更

唐代三彩釉陶兽首杯

好的眼医叫谭简，做事谨慎，医术超过穆生，就把名医谭简请到崔慎由的府中。谭简看过崔慎由的病情以后，说可以用最快的速度除掉赘肉，但必须在天气晴朗的中午，且在心神安静、坚定不犹豫的情况下方能治好。崔慎由答应了，这件事连他的妻子儿女都不让知道。谭简又问崔慎由说："能饮多少酒？"崔回答说："虽酒量不大，但能饮满数杯。"医师听了很高兴。

这天，天空万里无云，崔慎由把医师谭简请到宅中非常幽静的小楼上，除了一个小童外，别人谁也不知道。谭医师请崔慎由先喝酒，酒喝到一定程度后，拿出一把非常锋利的小刀，一刀就割掉了崔慎由眼前的赘肉。崔慎由觉得眼前忽然一亮，赘肉就落在了谭医师的手中。面对伤口鲜血直流的情景，谭医师神态自若地用干净的布子擦掉流出来的鲜血，然后敷上特制的药物，才让小童去报告崔家人。

医师谭简的手术有几处跟现代手术相似：先要求病人

223

喝酒，等于是起到麻醉的作用，减轻其疼痛，然后开刀，最后敷药。这个手术在今日几乎毫无难度，但在千余年前的唐朝，恐怕有人想也不敢想。

在敦煌出土的一批藏医杂疗方中，还明确记载了突厥外科疗法，特别提到手术后的饮食要凉性，这也是人们外科实践能力提高的一种表现。尤其是提到人脑骨破裂的治疗方法，甚至比唐人小说中提到的还要惊险，要求受伤者剥掉脑皮，露出骨头，剖开内皮，以热狗皮盖在伤口上，就会愈合，再将伤口涂药包扎。这反映出藏医在当时并不排斥外科手术的治疗方法。

总的来看，在中医治病占主导地位的时代，以内病内治、外伤内治为主，只有在万不得已的情况下，才用外科手术之法，当然这也与消毒不发达、伤口容易感染大有关系，但那些成功的外科事例常为人所津津乐道。

第四节　舆地之学

隋唐时期，政府配合行政管理定期编制图经地志，山川地势、风土人情、物产故迹等都在关注之列。隋代裴矩在经营西域期间，询访各国商胡，让他们各言其国风俗及山川险易、物产服章，在此基础上撰写《西域图记》3卷。本书有图有画有文，大体分成三部分：一是依其本国服饰仪形，王及庶人，各显容止，即丹青模写；二是按44国位置，别造地图，穷其要害；三是相关图记。其中提到举世闻名的陆上丝绸之路的三道："发自敦煌，至于西海，凡为三道，各有襟带。北道从伊吾，经蒲类海铁勒部、突厥可汗庭，度北流河水，至拂菻国，达于西海。其中道从高昌，焉耆，龟兹，疏勒，度葱岭；又经钹汗，苏对沙那国，康国，曹国，何国，大、小安国，穆国，至波斯，达于西海。其南道从鄯善、于阗、朱俱波、喝盘陀，度葱岭，又经护密、吐火罗、挹怛、帆延、漕国，至北婆罗门，达于西海。其三道诸国，亦各自有路，南北交通。"虽然《西域图记》早已散佚，但其影响至今仍存。

唐代规定尚书省兵部职方郎中掌天下之地图，以便知晓天下利害，为此要求诸州府图经三五年重造一次，同时还另外编制《十道图》。张纪亮曾分析了《十道图》和诸州《图经》的关系，认为《十道图》是以道为单位分区绘制的全国区域图，而《图经》则是以特定地域来编制的区域地志。现在可知的唐代《十道图》有四种，《旧唐书·经籍志上》"地理类"记载《长安四年十道图》13卷、《开元三年十道图》10卷，另有李吉甫编《元和十道图》10卷。牛来颖认为《唐六典》卷三《尚书户部》所记载的十道户口赋税资料是节录《开元十道图》的结果。另外敦煌文书中有命名为《贞元十道录》者（P2522），与《十道图》略有不同。唐代所知图经也有数种，但传世者仅有敦煌出土的几种，如《沙州图经》（P2005、P2695、S788、S2593、P5034等）、《西州图经》（P2009）残卷，其他如《桂州图经》《唐州图经》《富州图经》《衮州图经》《歙州图经》《润州图经》《邵阳图经》《岳阳图经》《淮阴图经》《湘阴图经》《武陵图经》《茶陵图经》《夷陵图经》

等，没有一部完整地流传下来。

此外，私家编修地志者也大有人在，上揭《润州图经》

明代刊本《大唐西域记》

就是孙处玄自修而成的。还有魏王李泰开文学馆编修《括地志》550卷，当然，这并不能认为是私修。韦述的《两京新记》、元稹的《京西京北图经》、佚名《京兆郡方物志》等则是专记京都之书。其中唐人玄奘《大唐西域记》、贾耽之《海内华夷图》和《古今郡国县道四夷述》、李吉甫之《元和郡县图志》更成为唐代地理学的代表之作。

《大唐西域记》12卷，收录玄奘西行求法沿途所见所闻，由他口述，弟子辩机笔录而成书。玄奘在书中主要记载了110个亲历城邦和28个传闻城邦的位置、山川地形、道路关隘、语言文化、宗教信仰、名胜古迹、风俗习惯等，内容翔实，记述可靠，大大开阔了唐人的眼界。求法归来后，玄奘先住长安弘福寺译经，后特建大慈恩寺，以玄奘为上座，作为其翻经道场，其卒于玉华宫（位于今陕西铜川）。玄奘去世后，门人慧立、彦悰写成《大慈恩寺三藏法师传》10卷，也记述了玄奘法师西行的经历，以及沿途各地的地理状况，可以视作《大唐西域记》的姊妹篇。玄奘是求法僧人成就最突出者之一。

贾耽，明经及第，曾多次出任节度使，一度担任同中书门下平章事，出将入相几十年。他喜好地理学，《旧唐书·贾耽传》记："凡四夷之使及使四夷还者，必与之从容，讯其山川土地之终始。是以九州之夷险，百蛮之土俗，区分指画，备究源流。"贞元十七年（801），他撰成《海内华夷图》和《古今郡国县道四夷述》40卷，之前他曾完成《关中陇右及山南九州等图》一轴和《别录》6卷，以及记录黄河经界的图书4卷共成10卷。贾耽的地理学著作以图为主，让绘者画出《海内华夷图》一轴，广三丈，长三丈三尺，率以一寸折成百里。在绘图的同时，也添加记注，如《古今郡国县道四夷述》就注出："古郡国题以墨，今州县题以朱，今古殊文，执习简易。"在贾耽的图中，既有比例尺的概念，也采用朱墨对照绘图法。他在注记中强调："诸州诸军，须论里数人额，诸山诸水，须言首尾源流。

图上不可备书，凭据必资记注。"图与记注须有所配合。有学者针对贾耽朱墨之说提出质疑，由于这些图文并未流传下来，难以确言。另《古今郡国县道四夷述》应该也是有图有述，其图是要显示古今地名的。贾耽的地理学成就被《新唐书·地理志》吸收很多，尤其是记载唐朝与周边邻邦诸国的七条主要交通路线，欧阳修等编撰者明确提到是引用贾耽的成就。

唐代地理学最高成就应该是由李吉甫撰成的《元和郡县图志》一书，共 42 卷，其详情见前文。这是我国现存最早而又较完整的全国地理总志，是研究中古时期重要的地理学典籍，因为李吉甫多记古代遗迹，也成为考古学者必备之书。

第五节　建筑技术

一、建筑成就辉煌

隋唐时期在建筑领域完成了很多著名的工程，既有单体建筑，如桥梁、佛塔、石窟、陵寝等，也有园林、宫殿、寺庙、城池、运河、长城等，有些建筑产生了重要的政治、经济、文化影响，有些建筑甚至成为建筑史上的里程碑。如隋代赵州桥、隋代大运河、隋唐长安城等，尤其是长安城的建筑将中国传统建筑艺术发展到全盛时期。格局工整的城市里坊，气势宏伟的皇宫圣殿，别具匠心的亭台楼阁，都是无数能工巧匠智慧和汗水的结晶。隋唐人在营建类型多样的实体建筑时，也赋予它们特有的思想和文化，形成具有时代特征的建筑文化。

建于隋代大业年间（605—618）的安济桥因位于河北省赵县，也称为赵州桥，俗称大石桥。安济桥建成使用一千几百年，至今仍非常坚固完整，两边桥基下沉水平差只有数厘米，在华北冲积平原上属于奇迹。安济桥由隋代工匠李春等所造，横跨洨河，桥长约64.4米，宽约9.6米，是一座空腔式结构的石拱桥，也称敞肩式，造型奇特美观。桥的主体是单孔弧形大桥，由28道相对独立的拱券组成，拱的跨度37.37米，拱矢（两拱脚连接线到拱顶的高度）仅有7.23米，矢跨比例仅1∶5，这样的设计在当时世界上也是首屈一指的，属于大跨度、低矢跨的单跨坦拱弧形石桥。

由于矢跨比例低，桥的坡度非常平缓，方便车马往来通过。显示安济桥先进技术的，还有大拱桥两肩拱背上各设两个空拱小券，创造了敞肩拱的新式桥型，既减轻桥体自重，节省填腹材料，又增加了洪汛季节桥下的过水面积，小孔亦可泄洪分流，更表现了石桥的造型优美、气势雄伟，符合现代结构力学的理论。正如唐人张嘉贞《石桥铭序》曰："两涯嵌四穴，盖以杀怒水之荡突，虽怀山而固护焉。"空拱小券的先进石拱桥构造方法，是李春的巨大创新，将世界拱桥的建造技术推进到新阶段。桥面两侧原有石栏杆，雕刻也极为精美，《石桥铭序》称赞："其栏槛华柱，锤斫龙兽之状，蟠绕拏踞，睢盱翕歘，若飞若动。"十分可惜的是，千余年间，这些栏板大部分塌进水下淤泥，后世用粗糙的石板砖瓦代替栏板，与这座雄壮秀美的拱桥形成很大反差。新中国成立以来，在历次整修中挖掘出大量的原石栏板，望柱雕刻十分精美，有蟠龙、狮子头，栏板上有灵动若飞的行龙，刀法朴质，苍劲有力，表现出了高度的艺术水平。从宏观上看，安济桥如初月出云、长虹饮涧，从微观上看，赵州桥也是精雕细琢、磨砻密致，无愧于世界桥梁鼻祖之称。

隋代开通大运河与两次迁都工程都堪称世界级工程，给当时及以后的社会都带来极大影响。

隋代兴建大兴城（长安城）的工程，此不多言。营建东都洛阳由隋炀帝执政后完成。仁寿四年（604），杨坚去世后，太子杨广发动仁寿宫之变，夺取帝位，史称隋炀帝，在位十四年（605—618）。炀帝上台伊始就下令营建东京洛阳，命尚书令杨素为营东京大监，纳言杨达、将作大匠宇文恺为副监，徙天下富商大贾数万家于东京。次年，工程完工。隋炀帝自伊阙，陈法驾，备千乘万骑入于东京，登上端门宣布全国大赦，百姓免租税一年。

营建洛阳实际与迁都无异，常役工匠 200 万人，营建工程以参加人数多、施工面积大、工期急迫而出名，工程管理者和营建者能在不到一年的时间内完成如此宏伟的工程，堪称奇迹。隋代东京洛阳也分成宫城、皇城和外郭城三部分，宫城名曰紫微城，皇城名曰太微城，外郭城曰罗郭城。其中，宫城在卫尉卿刘权和秘书丞韦万顷的主持下修造而成，皇城是在裴矩的督造下完成的，离宫别殿由宇文恺、封德彝等监造而成，宫城、皇城、外郭城与西苑及附近的行宫别殿一起构成一个城市建筑群。

东京洛阳的营建除了考虑常规性军事防御工程、给排水工程、园林街道等公共工程、殿堂祠庙屋宇等建筑工程外，还有规模宏大的仓库系统，如左右藏、含嘉仓、子罗

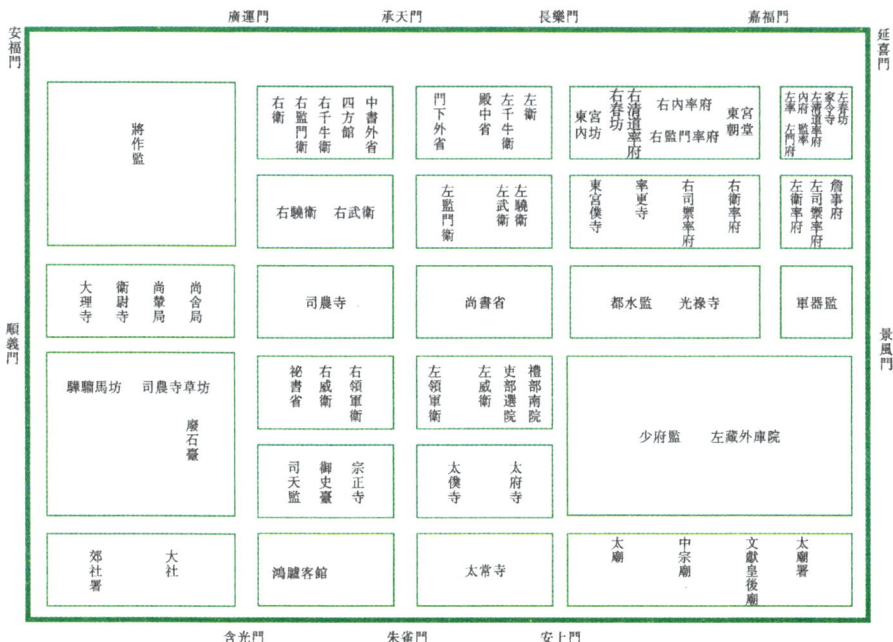

安福門　廣運門　承天門　長樂門　嘉福門　延喜門

將作監

右衛　右千牛衛　四方館　中書外省　門下外省　殿中省　左千牛衛　左衛　東宮內坊　右春坊　右清道率府　右內率府　右監門率府　東宮朝堂　左春坊　家令寺　左清道率府　內率府　左監門率府　左內率府

右驍衛　右武衛　左監門衛　左武衛　左驍衛　東宮僕寺　率更寺　右司禦率府　右衛率府　詹事府　左司禦率府　左衛率府

大理寺　衛尉寺　尚輦局　尚舍局　司農寺　尚書省　都水監　光祿寺　軍器監

驛驪馬坊　司農寺草坊　廢石磑　祕書省　右威衛　右領軍衛　左領軍衛　左威衛　吏部選院　禮部南院　少府監　左藏外庫院

司天監　御史臺　宗正寺　太僕寺　太府寺

郊社署　大社　鴻臚客館　太常寺　太廟　中宗廟　文獻皇后廟　太廟署

順義門　景風門

含光門　朱雀門　安上門

清代徐松《长安皇城图》

233

仓、尚食库等，另有洛口仓、回洛仓等。各仓均有仓城，周回十里、数十里不等。如洛口仓在巩县东南，仓城周回20里，穿3000窖，窖容8000石以上。回洛仓在洛阳北，仓城周回10里，穿300窖。而左右藏之规模更是宏大，左藏有库屋6排，每排25间，每间17架，总150间2550架。右藏有库屋两排，总40间，大小如左藏，左藏丝绵布绢等，右藏麸麦金铜鼓杂香牙角等。含嘉仓城位于宫城之东，与曜仪城、圆璧城、东城、皇城等建筑将宫城从东、北、南三面包围起来，无疑有加强防御的作用。含嘉仓之规模尚无确载，考古已发掘部分遗址就探得259窖，窖大者可达万余石，小者也容数千石。子罗仓贮盐20万石，贮粳米60余窖，窖容8000石左右。这些仓库贮蓄之粮物和防御城墙既强化东都之防卫能力，又与东都之建筑形成系统工程，体现了"地之守在城，城之守在人，人之守在兵，兵之守在粟"的防御思想。

东京洛阳建成后，长安称为京师，世称西京，洛阳则称为东京，大业五年，改东京为东都，成为隋炀帝时期的政治行政中心。洛阳位居天下之中，控以三河，固以四塞，水陆通，贡赋等，随着运河的开通，其经济、政治、社会地位日益凸显出来，与西京长安逐渐形成双都制，被唐朝所继承。

除了营建东、西二京外，隋代还完成了沟通南北的运河工程，在中国古代历史上堪称壮举。早在隋文帝时期，就有广通渠和山阳渎的开凿。到隋炀帝时期，又陆续开凿了通济渠、邗沟、永济渠、江南河等运河渠段。于是，以东都为中心，向南通江都郡（扬州）、余杭郡（杭州），向北通涿郡（北京），向西通关中西京，将中国南北不同地域用运河贯通，沟通了黄河、淮河、长江、钱塘江和海河五大水系，全长 2700 公里。配合运河的开凿，也修建了沿运河的通道和若干水利工程。运河开凿工程是从当时国家战略需要出发而施行的最宏伟的系统工程。

隋唐建筑体现出明显的创新精神，无论是长安城（大兴城），还是遍布关内的离宫别殿，抑或是陵园寺院，都匠心独运，不仅考虑建筑物与周围环境的和谐统一，也注重建筑群的总体布局，还在单体建筑的造型、结构和空间构思上下功夫，达到外部空间和内部空间的和谐，建筑形式与艺术欣赏、思想内容的统一。隋唐建筑体现出格调清新、健康奋进的整体文化环境，重要的建筑大都规模雄伟壮观、气势宏大，充满艺术感染力。

隋大兴城和唐长安城的营建和增修更是其时工程建筑的杰出代表，代表着中国古代城市建设的最高水平。

离宫别殿。长安城中出现了三处宫殿区，人们习惯称之为"三大内"。太极宫因位置偏西，称"西内"；大明宫稍靠东，称"东内"；而兴庆宫偏南，号"南内"。各处宫殿既是富丽堂皇的建筑群，也是幽雅别致的皇家园林，宫中有园，园中有殿。因为关中冬苦寒、夏燥热的气候特点，常常迫使皇帝夏天选择出城纳凉，冬天选择出城避寒，而近在眼前的秦岭山脉既有山林胜景以供纳凉避暑，又有温泉汤峪以便沐浴疗养。于是，建行宫就成为隋唐诸帝的共同爱好，都城以外的行道两旁以及秦岭山脉中不少胜景佳处也就陆续出现了众多的离宫别苑。有学者把有名可考的隋唐行宫分成隋代营造的 38 所和唐代营造的 32 所，又按用途将其分成避暑宫、温泉宫、两京道行宫和其他行宫四类。这些用途各异、建筑风格不尽相同的宫馆殿苑形成隋唐特殊的宫殿建筑体系，也使宫殿建筑文化在陕西地域文化中占有一席之地。

唐太宗与大臣谈话中提到隋炀帝广造行宫的事实，他说："隋炀帝广造宫室，以肆行幸。自西京至东都，离宫别馆，相望道次，乃至并州、涿郡，无不悉然。"实际上，尽管隋代存在时间不长，但修造的离宫别殿却相当可观，如隋文帝开皇十八年（598），自京师至仁寿宫，修建行宫12所。到隋炀帝大业元年（605），自长安至江都，建造布置离宫四十余所。唐人杜宝在《大业杂记》中记隋炀帝在大业元年，"自豫州至京师八百余里，置一十四顿。顿别有宫，宫有正殿"。二者在同一年，是否属于同一行动，不得而知。这些宫殿不少就建在京师左近依山傍水、风景优美的地方，以备临幸。到了唐代，兴建宫殿之风未有稍衰，《旧唐书》卷三八《地理志一》记长安禁苑："苑内离宫、亭观二十四所。"洛阳禁苑："苑内离宫、亭观一十四所。"仅在禁苑之中就有如此多的离宫亭观供皇族临幸停留。此外，两京周围和其他地区也修造众多的离宫别馆。

大体而言，隋唐离宫别馆分布的规律是：京城禁苑宫殿密度大于畿内，畿内又大于畿外。唐代这些宫苑包括扩建和新建两种：一是唐朝诸帝在隋代诸宫殿的基础上，对原有行宫加以改建扩建。诸如隋仁寿宫重建为九成宫，隋长乐宫扩建为望春宫，长春宫、太平宫、甘泉宫等多加整修。吴宏岐考证出隋唐共用行宫 14 所，多在两京附近。二是唐代诸帝又重新建造不少新的离宫别馆。诸如贞观时温泉宫到开元年间修建为华清宫，太和宫扩建为翠微宫，武功宫改建为庆善宫，奉义宫兴建成龙跃宫，另外，唐代还修建了万全宫、玉华宫、游龙宫、鱼藻宫等难以计数的离宫别馆。

清代丁观鹏摹宋人《明皇夜宴图》

兴建这么多离宫别馆很难，管理也不容易。唐玄宗开元二十五年（737），敕令"两京行宫，远近不等，宜令将作大匠康銮与州县均融修葺"。到次年又发出修筑宫殿之诏，"两京路行宫，各造殿宇及屋千间"。虽然有些行宫现在已难觅踪影，或者已荡然无存，但从每座行宫单次就修造殿宇上千间的记载来看，其规模应是极其宏伟壮丽的。宋人钱易《南部新书》已部载："福昌宫，隋置，开元末重修。其中什物毕备，驾幸供顿，以百余瓮贮水。驾将起，所宿内人尽倾出水，以空瓮两两相比，数人共推一瓮，初且摇之，然后齐呼扣击，谓之'斗瓮'，以为笑乐。"隋代福昌宫历经多次修葺，到开元末重修，很有可能就是上引《南部新书》中诏文的实际执行，虽属行宫，但什物毕备，从宫女"斗瓮"之戏来看，数人一瓮，共有百余瓮，福昌宫宫女至少有数百人之多。联系到元稹、白居易相唱和之《上阳白发人》等诗所记，可知唐代离宫别苑虽距两京远近有所不同，却都需留宫人备幸和置内官监守，"红颜暗老白发新，绿衣监使守宫门"。有时行宫还需要维修或扩建，这些不仅造成宫女终身被隔绝的人道灾难，也造成国家财税的极大浪费。

　　长安寺院。隋唐长安城寺院数量大，分布密集，且多是规模宏伟的大型寺庙建筑。有学者认为在长安城及其近郊有一定规模的佛寺就有 200 所以上，此外，还有大量不知名的山寺、野寺、佛堂、僧舍、兰若等。日本僧人圆仁在《入唐求法巡礼行记》中提到长安城里坊内佛堂 300 余所，佛像、经楼等庄严如法，尽是名工所作，一个佛堂可敌外州大寺，正是唐代长安佛教建筑盛况的浮光掠影。

隋唐长安寺院大多占地广阔，建筑雄伟，隋文帝时修遵善寺（唐名酆国寺、大兴善寺），寺殿崇广，为京师之最，号曰大兴佛殿。唐贞观二十二年（648），营建大慈恩寺于晋昌坊，"重楼复殿，云阁洞房，凡十余院，总一千八百九十七间"。不仅规模宏大，建造华丽，"其新营道场宜名大慈恩寺。别造翻经院。虹梁藻井，丹青云气，琼础铜沓，金环华铺，并加殊丽"。永徽二年（651），玄奘欲于寺端门之阳造石浮图，安置西域所将经像。刚开始设计浮图高 30 丈，后诏于西院用砖修建，"其塔基面各一百四十尺，仿西域制度，不循此旧式也。塔有五级，并相轮、露盘凡高一百八十尺。层层中心皆有舍利，或一千、二千，凡一万余粒。上层以石为室。南面有两碑，载二圣《三藏圣教序》《记》，其书即尚书右仆射河南公褚遂良之笔也"。这就是现今西安市大雁塔修建之始。《类编长安志》卷五《寺观·大慈恩寺》记："寺西院浮图六级，崇三百尺。其注曰：永徽三年沙门玄奘所立。初唯五层，崇一百九十尺，砖表土心，仿西域窣堵波制度，以置西域经像。后浮图心内卉木钻出，渐以颓毁。长安中，更拆改造，依东夏刹表旧式，特崇于前。"这里提到慈恩寺塔经过两次修建，在建造样式上前后有变化。

唐高宗于延康坊修建西明寺，寺面阔350步，周围数里，共有10院，屋4000余间，廊殿楼台，雕梁画栋，眩目晖霞，青槐列其外，绿水亘其间，……都邑仁祠，以此为最。长安东门外章敬寺有48院，殿宇多达4130间，《代宗实录》提到此寺时，用两句话来形容：林沼台榭，形胜第一；及是造寺，穷极壮丽。此外还有北枕高原、南望爽垲，有登眺之美的青龙寺；也有以木浮图为天下伽蓝之盛的大庄严寺；更有昔日以放生池独秀，今日以小雁塔闻名的大荐福寺。这些寺院曾经在长安发挥了宗教圣地和公众游娱之所等多重作用。

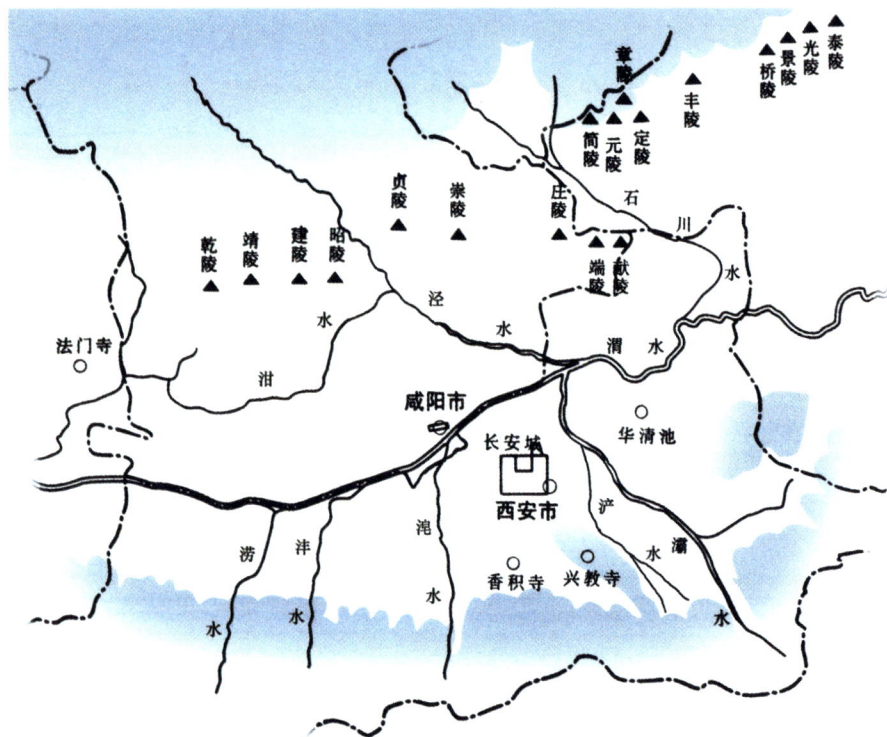

唐代十八陵示意图

关中唐十八陵。在今陕西省境内，关中渭北高原与北山各峰之间，有 18 座唐代帝陵分布在西起乾县，中经礼泉、泾阳、三原、富平，东到蒲城的 6 个县境内，形成一个以唐都长安为中心平铺于渭河以北呈 102 度的扇面形。这些规模宏大的古陵埋葬了唐代 21 位皇帝中的 19 位，其中女皇帝武则天与唐高宗合葬于一陵，也就形成所谓的关中唐十八陵。唐十八陵的葬制有两种：堆土为陵和因山为陵。有 4 座皇陵采用传统的堆土为陵法，分别是唐高祖李渊的献陵（位于唐京兆府三原县，今陕西省三原县）、唐敬宗李湛的庄陵（位于唐京兆府三原县，今陕西省三原县）、唐武宗李炎的端陵（位于唐京兆府三原县，今陕西省三原县）和唐僖宗李儇的靖陵（位于唐京兆府奉天县，今陕西省乾县）。其余 14 座采用依山为陵的葬制。在依山为陵的 14 座唐帝陵中，唐太宗李世民昭陵开唐朝皇帝依山而葬之风，唐高宗李治和武则天的合葬墓乾陵奠定依山为陵葬制基本规模制度，具有代表性。

唐太宗昭陵位于唐京兆府醴泉县九嵕山主峰，即今陕西省礼泉县境内，始建于贞观十年（636），不仅将因山为陵之制确立下来，同时还将功臣陪陵之制提出。昭陵以九嵕山之内地宫为中心，形成面积广大的陵园，山之南有献殿和朱雀门，山之北有祭坛和司马门，但北宋游师雄《题唐太宗昭陵图》、元李好文《长安志图》中标出的四周城墙、四角角阙和东西门阙仍有待考古的进一步调查。在昭陵北阙前，有两组艺术高超的石雕，一是十四尊番酋长石像，一是昭陵六骏。番酋长像有：突厥阿史那咄苾、阿史那什钵苾、阿史那思摩、阿史那社尔，薛延陀可汗，吐蕃赞普，新罗乐浪郡王，吐谷浑河源郡王，龟兹王诃黎布失毕，于阗王伏阇信，焉耆王龙突骑支，高昌王麴智盛（勇），林邑王范头黎，帝那伏帝国王阿罗那顺等14人，列于陵司马北门内，九嵕山之阴，以旌武功。昭陵六骏像是唐太宗生前骑过的六匹马，六骏采用浮雕手法刻在六块大青石上，分列左右，其中白蹄乌、飒露紫、拳毛騧在西，特勒骠、青骓、什伐赤在东。现在昭陵六骏中的飒露紫和拳毛騧被军阀与古董商卖到美国费城宾夕法尼亚大学博物馆，其余四骏保存在西安碑林博物馆中。

武则天和李治合葬的乾陵位于唐京兆府奉天县（今陕西省乾县）梁山，于弘道元年（683）营建。规模宏大的乾陵分成内城和外城，内城以陵寝为主体建筑，形成一个方正的内城，城垣四角有阙，四面各有门阙和石蹲狮，南门门阙内外有一组石刻群雕，以第一对门阙为参照，门阙之北有六十一宾王像，门阙之南有两块巨型石碑，东为"无字碑"，西为《述圣纪》碑。再向南神道两侧有依次侍立的石人十对、石马五对、石鸵鸟一对，继续向南还有石翼马一对、石华表一对，再向南为第二道门阙，还有更南的第三道门阙。南门石刻群雕成组成序，而其他三门石刻就比较简单，或石马一对，或石狮一对，这种建制也多为其他唐陵所因袭，成为理解唐陵建筑的最好模式。

二、其他方面

造船技术是古代手工技术的温度计，显示着一个国家的技术实力。隋代能造出巨型船舰如五牙大舰和龙舟凤舸。杨素在永安曾造大舰，名曰五牙，上起楼5层，高百余尺，容战士800人。左右前后置六拍竿，用以攻击敌舰，船上遍插旗帜，气吞山河。还有黄龙舰，容纳士卒百余人。其他的还有平乘、舴艋等战船。五牙大舰虽属于江上作战之军舰，但此技术足以成为建造龙舟的技术条件。隋炀帝三下江都所乘之龙舟有4层，高达45尺，长200丈，上层有正殿、内殿、东西朝堂，中间二层有120间房，皆饰以金玉，下层归内侍居处。皇后乘翔螭舟，制度稍小，而装饰豪华无异于龙舟。还有浮景9艘，也达到3层，一起构成所谓的水殿龙舟。又有漾彩、朱鸟、苍螭、白虎、玄武、飞羽、青凫、陵波、五楼、道场、玄坛、黄篾等船数千艘，船舰名称多达数十种。规模之大、构造之复杂都说明隋代造船技术取得长足进展。此前有"水不载万"的说法，但隋代颜师古曾亲见有二万斛船，他说："昔在江南不信有千人毡帐，及来河北不信有二万斛船，皆实验也。"万斛船、二万斛船的造成，说明隋代工匠已经突破了旧时"水不载万"的限制。唐人李肇在《唐国史补》中记："舟船之盛，尽于江西。编蒲为帆，大者或数十幅。自白沙溯流而上，常待东北风，谓之潮信。七月、八月有上信，三月有鸟信，五月有麦信。暴风之候，有抛车云，舟人必祭婆官而事僧伽。江湖语云：'水不载万。'言大船不过八九千石，然则大历、贞元间，有俞大娘航船最大。居者养生、送死、嫁娶悉在其间，开巷为圃，操驾之工数百。南至江西，北至淮南，岁一往来，其利甚溥，此则不啻载万也。"帆船时代，载重量越大，操驾之工就越多，船帆也需要更多，唐船有帆达到数十幅、操驾之工数百人者，尤其是航行者已经懂得利用信风和避开台风，说明巨型船成为隋唐人引重致远的工具。

唐代造船技术进一步提高，造船地区进一步扩大，隋代元弘嗣于东莱海口造渡辽船，杨素在永安造江船，元寿在淮浦造伐陈船等。到唐代曾下诏36州同时造船，阎立德于洪、饶、江三州一次造船400艘，甚至越、婺、洪州一次造出1100艘海船和双舫；地方也大规模造船，如浙西韩滉造楼船战舰3000余艘；荆南成汭还组建舰队，主舰名和州载，还有齐山、截海、劈浪之类甚众。吴船出动400艘运粮辽东等，都说明唐代造舟业得到很大发展。不仅造船地区扩大，造船规模增大，造船技术改进也很明显。如刘晏于扬州船十艘为一纲，置十场造船，十运无失，保证了漕粮运输的安全。唐之前有薄骨律镇将刁雍以二船为一舫，刘晏则以十舫为一驳，将内河航运的运量大幅度提升。又如嗣曹王李皋有巧思，曾造一种战舰，挟二轮蹈之，翔风鼓浪，疾若挂帆席，所造省易而久固。他担任江西节度使时就大治战舰，为水军挑选最精锐的将士。由于当时战舰行驶速度很慢，又受风向等自然条件的限制，因而在战争中所发挥的作用就大打折扣。李皋就在平日潜心构思制成了一种新式战船，它的特殊性在于变传统的手摇桨橹为脚踏二轮，很好地改善了战舰的结构，人在船中用脚踩踏板，船底两侧各有一只轮子快速旋转，以此来推动战舰，战舰即使在浪涛中迎风行驶也好像顺风扬帆那么急速，比陆地上奔驰的战马还要快。

　　船体结构和动力结构都在发生变化。对江苏如皋出土的唐代沉船进行研究，发现唐船的分舱、密封技术都很先进，这些情况都说明隋唐时期造船技术有很大的进步。

第六章

宗教文化及其寺观祠庙

第一节　佛教宗派及京城寺庙

一、佛教的主要宗派

　　长安城（大兴城）作为隋唐都城，又逢佛教最富创造力的巅峰时期，深得天时、地利、人和之便，自然而然地成为全国佛教的核心地区，成为主导全国佛教的中心。当

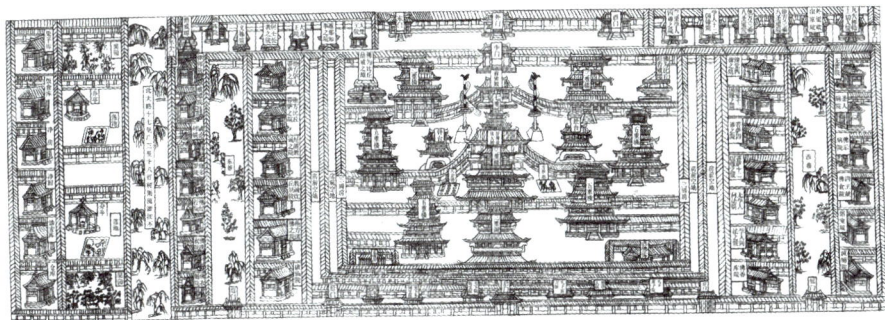

唐代道宣《戒坛图经》推出的佛寺模式图

时佛教的宗教文化创造，往往首先在这里产生，同时也在这里聚集。长安成为隋唐时期僧才凝聚、经典翻译、宗派创立、佛教弘传和文化交流的中心。这当中尤其是宗派创立中心，更具有特别重大的意义。

所谓佛教宗派就是有了各自独特的教义、不同的教规、不同的传法世系。汤用彤《隋唐佛教史稿》指出："佛法演至隋唐，宗派大兴。所谓宗派者，其质有三：一、教理阐明，独辟蹊径；二、门户见深，入主出奴；三、时味说教，自夸承继道统。"实际上，佛教宗派的形成是佛教中国化程度提升到一个更高阶段的重要标志。一般认为，佛教宗派在汉魏南北朝时代还没有形成严格的宗派；东晋以来，逐渐自辟门户；陈隋之际，树立新说，分宗立派；到隋唐时代，各宗各派自成体系，判然有别，竞相争逐；隋唐之后，佛教宗派之争又转趋衰落。故宗派纷争是隋唐佛教的一个独特问题。汉传佛教宗派主要有八个，而其中绝大多数宗派均在长安创立。仅此而论，即足以显见长安佛教的辉煌与重要，称其为佛教中心，当之无愧。方立天提出隋唐佛教宗派的形成有其经济、政治和思想背景。经济背景是随着寺院经济的发展，庙产的继承权要求采取宗派的形式来加强本集团的组织；政治背景是各宗各派都以特定政治集团作为后台，改朝换代或政治分派也会形成不同的宗派；思想背景是全国统一后佛教领袖形成可以贯通的理论体系，通过判教建立庞大的思想体系，意味着佛教学派发展到佛教宗派。以下谨将在长安创立的佛教宗派稍作介绍。

法相宗。由玄奘及其弟子窥基创立。因玄奘住过大慈恩寺，窥基亦常住该寺，世称慈恩大师，故也称"慈恩宗"，以慈恩寺为祖庭。由分析法相而表达"唯识真性"，故又称"法相唯识宗""唯识宗"。玄奘西行求法19年，归来后，从事佛经翻译，共译出佛典75部1335卷。玄奘之学取精用弘、包举众说，其中专重法相唯识之说。在他周围集结了大批学有专长的佛教学者，长安城名僧荟萃，甚至成为亚洲佛教中心。法相宗因玄奘开基成宗，继承者首推窥基、圆测，尤以窥基影响最大。窥基俗姓尉迟，其伯父为尉迟敬德，始居弘福，后随师移居慈恩寺，参与译经。圆测讳文雅，新罗国王之孙，后从玄奘为弟子，住西明寺。此派主要继承古印度瑜伽行派学说，所依经典称为六经十一论。玄奘糅合印度瑜伽行派著名十师对于世亲《唯识三十论》之注释，编纂成《成唯识论》，为该宗代表作；他的弟子窥基又撰《成唯识论述记》《枢要》等加以发挥。法相宗主张外境非有、内识非无，以"唯识无境"为基本理论，把思想认识的转变即"转依"看成是由迷而悟、由染而净的修习目的。窥基之后有慧诏、智周，后逐渐衰微。此宗东传日本，分南寺传、北寺传，为奈良时期（710—794）、平安时期（794—1192）最有势力的佛教宗派之一。

律宗。因创立者道宣住长安近郊终南山，故全称"终南律宗"，或名"南山宗"，后该派盛行，则简称"律宗"，道宣常住的净业寺也就成为律宗的祖庭。道宣在关中立戒坛，受法传教弟子成百上千，遍布南北。乾封二年（667），道宣卒，唐高宗敕令在净业寺外建立道宣舍利塔，山下灵感寺另建道宣衣钵塔。其弟子知名者众多，如怀素，俗姓范，专攻律部，撰新疏以抗旧疏。相传释迦在世时为约束僧众，制定各种戒律。第一次佛教结集时，由优婆离诵出律藏。部派佛教形成后，各部派对戒律的理解不尽一致，所流传的戒律也有差异。东晋以后，说一切有部的《十诵律》、法藏部的《四分律》、大众部的《摩诃僧祇律》、化地部的《五分律》等四部小乘律先后传入中国，其中以《四分律》传布最广。《四分律》从形式上看属于小乘，但从内容上看当属大乘。唐天宝十三载（754），鉴真把该派宗教传入日本。

华严宗。因以《华严经》为主要经典，故名。又称为法界宗，因为《华严经》有"法界缘起论"；又因实际创始人法藏被武则天赐号"贤首"，故亦称"贤首宗"。法藏参加武周《华严经》翻译，深得武则天赏识，发挥和充实《华严经》的思想，形成独具特点的佛教理论体系，自行组织系统的判教，建立起新的宗派——华严宗。法藏善巧化诱导，为学徒解说。该宗早期创始人有陈、隋间的杜顺和智正，杜被追认为初祖。二祖智俨著《华严孔目章》《华严五十要问答》《华严一乘十玄门》，对后世影响颇大。汤用彤在《隋唐佛教史稿》中认为华严宗固与五台山有关，然其初起在关中之终南山，因为终南山聚居了大批华严之学者。唐时三祖法藏为智俨弟子，字贤首，俗姓康，原为康居人，著述颇丰。在判教上，分五教十宗，以《华严经》为最高教典，自称一乘圆教、圆明具德宗或别教一乘。唐德宗时四祖澄观受封"清凉国师"，宪宗朝任全国"僧统"。华严寺建在长安东南之少陵原上，原寺旧址有华严五位祖师塔，今存初祖杜顺塔和四祖清凉国师塔，因此，华严宗以华严寺为祖庭。澄观的弟子宗密，著《禅源诸诠集》《原人论》等，进一步调和佛教内部各派和儒、道各家思想，使该宗形成庞杂的体系。唐武宗灭佛后，华严宋一蹶不振。该宗先后传入朝鲜与日本。

密宗。亦名"密教""秘密教""真言乘""金刚乘"等。自称受法身佛大日如来深奥秘密教旨传授，为"真实"言教，故名。传说大日如来授法金刚萨埵，释迦逝后800年时，龙树开南天铁塔，亲从金刚萨埵受法，后传龙智，龙智传金刚智和善无畏。一般认为是7世纪以后印度大乘佛教一部分派别与婆罗门教相结合的产物，以高度组织化的咒术、仪礼、民俗信仰为其特征。主要经典是《大日经》《金刚顶经》《苏悉地经》。开元前期，先是善无畏带来

唐代石雕马头明王像

《大日经》，与弟子一行译出。然后金刚智及其弟子不空传入《金刚顶经》，由不空译出，从而在唐东、西两京——主要在长安——创立以修持密法为主的密宗。该宗认为世界万物、佛和众生皆由地、水、火、风、空、识"六大"所造。仪轨复杂，对设坛、供养、诵咒、灌顶（入教或传法仪式）等皆有严格规定，需经阿阇梨（导师）秘密传授。外重仪轨，内附教理，自成系统。不空的弟子有金阁寺含光、新罗慧超、青龙寺惠果等，而以惠果承其法系，传两代即衰微。在西藏地区的密宗为藏传佛教，俗称喇嘛教。密宗经日僧空海传入日本，发展为诸多派别。唐玄宗在兴善寺重设国立译场，在不空的主持下，广译密宗要典和念诵仪轨，正式建立了以修持

唐代鎏金铜浮屠

密法为主的密宗。不空成为中国密宗开山始祖，以长安大兴善寺为祖庭。

净土宗。或称"莲宗"，唐善导创立。主要依据《无量寿经》、《观无量寿经》、《阿弥陀经》和世亲《往生论》，说死后往生阿弥陀西方净土（极乐世界），故名。相传，东晋慧远在庐山邀集僧俗 18 人成立"白莲社"，发愿往生西方净土，被后代奉为初祖。隋唐间，道绰亦在玄中寺传净土信仰，著有《安乐集》。唐初善导从道绰学净土教义，后到长安光明寺传教，正式创立净土宗。净土宗在唐朝民间十分普及，此宗虽由东晋慧远创立于庐山，但至唐朝善导法师才完备，使之蔚然成宗。善导长期在长安光明寺、慈恩寺宣扬净土，劝人常念阿弥陀佛名，专修往生阿弥陀佛净土的法门。高宗永隆二年（681），善导圆寂，门人在长安南郊神禾原上建塔安其遗骨，并于塔畔构筑伽蓝，命名为香积寺，因此，香积寺被净土宗视为祖庭。善导所著《观无量寿经疏》《往生礼赞偈》《观念法门》《法事赞》《般舟赞》等也成为该宗重要依据。《佛祖统纪》卷二六载，善导"演说净土法门三十余年"，"长安道俗传授净土法门者不可胜数，从其化者至有诵《阿弥陀经》十万至五十万卷者，念佛日课万声至十万声者"。其后传者有承远、法照、少康等。由于修行简易，中唐以后广泛流行，后与禅宗融合。日僧圆仁将该宗传入日本。源空（法然）开创日本净土宗，尊昙鸾、道绰、善导为最初三祖。

三论宗。以主要研习龙树《中论》、《十二门论》和提婆《百论》而得名；又以着重阐扬"诸法性空"，亦称法性宗。后秦鸠摩罗什译出三论后，师徒相传，研究者群起，著名的有僧肇、僧导、昙济等。中经南朝宋、梁间的僧朗、僧诠，陈的法朗，至隋代吉藏而集大成。吉藏俗姓安，本安息人，隋平江南，居会稽嘉祥寺，问道者千余，世人因此称其为"嘉祥大师"，开皇末入长安日严寺，道俗云集，声振中原。著有《三论玄义》《大乘玄论》《法华义疏》《中论疏》《二谛义》等，在判教方面提出二藏三法论说，在教义上提出二谛和八不中道说。隋开皇十九年（599），吉藏应诏来京城弘传其说；唐高祖时，被聘为十大德之一；武德六年（623），寂于长安实际寺。研究者一般认为，江浙地区和长安都是三论宗的发祥地，但二者也有主次之分。长安可以认为是三论宗的发祥地之一。因为草堂寺是罗什的译经道场，因而就成为三论宗的祖庭。三论宗东传日本，形成不同的流派。

除了上述以长安诸寺为祖庭的宗派外，还有天台宗、禅宗、三阶教等宗派。

天台宗。又称法华宗，其经典主要是《法华经》。创立人智𫖮，俗姓陈，字德安，隋灭陈后，晋王杨广请其至扬州，智𫖮亲为晋王授菩萨戒，自此号智者大师，天台宗实因智者大师住天台山而得名。其教旨要在"三谛圆融""一念三千"。空、假、中道之三谛原本一体圆融。主张三谛本无碍自在为一体，一切诸法皆由心生，因缘虚假不实为空，缘生诸法差别为假，不著于空，不执于假，即曰中道，而中道亦不离空假，亦即空假，故曰三谛圆融。其修习原则称止观论，又称"定慧双修、止观并重"，主张通过坐禅、静虑排除杂念，经熟读佛经探求佛教义理，以达到般若智慧的境界，从而坚信世界是空无的。

慧能像

　　禅宗强调即心即佛，因此也称心宗，又此宗初以《楞伽经》为传法标记，因此而称楞伽宗。自谓教外别传，虚拟 28 祖之世系，但以菩提达摩为中国禅宗初祖，达摩传慧可，可传僧璨，璨传道信，信传弘忍，忍传慧能。慧能世称为禅宗六祖，与其同学神秀分为南北二宗。将禅宗发扬光大的是慧能。慧能以行者身份入蕲州东山寺，一日，弘忍大弟子神秀在墙壁上书偈曰："身是菩提树，心如明镜台；时时勤拂拭，勿使惹尘埃。"弘忍看后说："只到门外，未入门内。"慧能虽不识字，但听到其偈，说："美则美矣，了则未了。"他请旁人也写一偈，曰："菩提本无树，明镜亦非台；本来无一物，何处惹尘埃。"弘忍看了，大为欣赏。于当夜召慧能密授衣法，次日亲自送他返岭南。弘忍摇橹送慧能到九江驿，慧能请师坐自摇橹，弘忍说："合是吾度汝！"慧能答："迷时师度，悟了自度，度名虽一，用处不同。今已得悟，只合自性自度。"语多机锋，哲理迭现。

慧能于岭南创南宗，而弘忍的大弟子神秀建北宗。北宗一度势力全盛，神秀及其弟子普寂、义福都被尊为国师，出现一门三国师。后来，南宗慧能的势力向北发展，取代了神秀北宗的正统地位，北宗就逐渐衰落了，慧能也取代神秀成为禅宗六祖。慧能南宗之所以发展为正统，与其创立新规、提出新解分不开。慧能及其南宗提出顿悟学说，用简洁的语言教人顿悟，直指本心，见佛成性。主张人人皆有佛性。佛向性中作，莫向身外求，自性迷即是众生，自性觉即是佛。强调心即是佛，心外更无别佛。南宗自称为南天竺一乘宗，自以为是最上乘。有弟子问慧能什么是三乘？什么叫最上乘？慧能说：法无四

神秀像

262

乘，人心自有等差，见闻转诵是小乘；悟法解义是中乘；依法修行是大乘；万法尽通，万法俱备，一切不染，离诸法相，一无所得，名最上乘。慧能的弟子神会进而称大乘是菩萨乘，最上乘是佛乘，以此来阐释禅宗的教义最简单也最深奥。禅宗也强调定慧双修，主张定是慧体，慧是定用，定慧一体不二，定和慧如灯和光一样不可分离，即定慧等学。南宗认为心外无佛，佛性即自性，如何使自性变成佛性呢？怎样就算顿悟呢？慧能对此又提出：我此法门，从上以来，先立无念为宗、无相为体、无住为本。后来南宗又分成五宗，即沩仰宗、临济宗、曹洞宗、云门宗和法眼宗。

正因为禅宗重新解释禅定之意，简化了修行方式，主张顿悟成佛，把极乐世界的大门在众生面前敞开，使得禅宗得到迅速发展，成为唐代佛教各宗派中影响最大的一宗，也成为五代以后宋元明清中国佛教最有势力的一个教派。

三阶教。三阶佛法者，创自隋代信行禅师。三阶者，按时间将佛灭后第一个五百年定为正法时期，第二个五百年为像法时期，总一千年为第一、第二阶。佛灭一千年后入末法，为第三阶。或按地域分成第一阶处即净土，第二、第三阶处即三乘世界。或按人的根机来划分，最上是最利根之一乘即第一阶，利根正见成就三乘之根机第二阶。第一阶持戒正见，第二阶破戒不破见，而第三阶为戒见俱破之颠倒众生的根机。信行认为现世已进入末法时期，应行普法，不堕爱憎。三阶教者，就是为处于末法时期人们而设的苦行，如普行舍财（立无尽藏）、礼忏、作头陀行等。信行于相州法藏寺倡导三阶法，为世所趋，开皇九年（589）奉诏入长安，高颍立真寂寺以居之。随后，长安有三阶寺5所，即化度寺、光明寺、慈门寺、慧日寺和弘善寺。唐初化度寺无尽藏院施舍钱帛金玉，积聚不可胜计，每日支出数不胜数。信行卒后葬于终南山梗梓谷，其后教徒多葬于其侧，因有百塔之称。然而此教屡遭禁断，武则天、玄宗时期都曾禁限，至会昌法难以后，三阶教之名罕闻于世。直到敦煌古卷中发现三阶教残卷，学界始重识其教名。

二、长安（大兴）城著名寺院

长安佛寺应该包括长安城及周边佛寺。隋代大兴城有寺院近百所，就一座城市而言，佛寺数量可谓巨大。虽较隋代全国佛寺3792~3985所的总数来看，京城占1/30左右，尚不显多，但考虑到大兴城内单个佛寺的规模要远大于诸州府，所以仅从数量上还是说明不了问题的。

隋代大兴城中大兴善寺的制度与太庙相同，号称国寺，尽占靖善坊之地，寺殿雄伟壮观，为京城之最。庄严寺、总持寺也属官寺或皇家寺院，均占一坊之地。禅定寺建木浮屠七层，高330尺，周长120步，寺内复殿重廊，天下伽蓝之盛，莫与为比。其他诸如延兴寺、景净寺、青禅寺、真寂寺、日严寺等皆为一时名刹。从总体来看，大兴城的寺院中，帝王和官方所建的佛寺占1/6，大兴城中百余里坊中有49个里坊未设立佛寺，其他诸里坊有的建一所寺院，有的多至四五所，最多者达八所。另外，僧寺和尼寺多形成杂错相间之布局，总体而言，百余寺中，僧寺有89所，尼寺有24所。据此估算，隋代大兴城僧寺约占总寺数的79%，尼寺约占21%，接近4∶1。

唐代长安城中佛寺数额前后有变化，《续高僧传》卷二十记："京室僧寺五十有余。"韦述《两京新记》不仅记长安城佛寺数量，也记录其他寺观祠宇的数量："街东西各五十四坊，其中折冲府四，僧寺六十四，尼寺二十七，道士观十，女观六，波斯寺二，胡袄祠四。隋大业初，有寺一百二十，谓之道场，有道观十，谓之玄坛。天宝后所增不在其数。"韦述所记长安城内佛寺计 91 所，道观 16 所，其他类 6 所，虽较前引《续高僧传》所记稍多，却较隋代为少。日本僧人圆仁《入唐求法巡礼行记》在会昌四年记："长安城里坊内佛堂三百余所，佛像、经楼等庄严如法，尽是名工所作，一个佛堂院，敌外州大寺。"圆仁于开成五年（840）八月来到长安，到会昌四年（844）七月离开，留居长安近四年，他对长安城内佛寺的记载有一定的可靠性。如果三百不是二百之传抄错误，那么长安城内佛寺数量确实非常可观。

如果把长安城及周围佛寺一起考察，佛寺数量还有变化。张弓《汉唐佛寺文化史》所稽长安唐寺情况是：据《僧传》考出京兆府唐寺 104 所，据两唐书得出京兆府有寺 55 所，据《方志》累积京兆府佛寺 240 所，属于致密区。介永强《西北佛教历史文化地理研究》提出唐代京兆府是佛教寺院分布最为密集的府州，长安城及周边共有佛寺 140 所。孙昌武《唐长安佛寺考》曾经考察唐长安城及周围佛寺，指出长安城里坊间的寺院有 160 所，皇城和大明宫内可考的寺院有 11 所，长安城外周围寺院有 40 所，合计有 211 所，进而提出在长安城及其近郊有一定规模的佛寺就有二百所以上，此外，还有大量不知名的山寺、野寺、佛堂、僧舍、兰若等。不管是 137 所还是 140 所，抑或是 211 所、240 所，都与圆仁之"三百余所"存在一定差距。

隋唐长安城佛寺众多，按其性质大致可分为两类：一类主要是宗教祭祀场所，一类则主要是讲经建宗的基地。

作为宗教祭祀场所，长安佛寺主要有开业寺、会昌寺、崇义寺、楚国寺、兴圣寺、龙兴寺、兴福寺、西明寺、崇敬寺、资圣寺、招福寺、崇福寺、光宅寺、荐福寺、兴唐寺、永寿寺、安国寺、章敬寺、宝应寺、大云寺、景公寺、灵华寺、玄华寺、菩萨寺、奉慈寺、保寿寺、静域寺、崇济寺、禅定寺、千福寺、崇圣寺、洪福寺、铁塔寺、报恩寺、普济寺、慈德寺、感业寺、济度寺等。其中不乏一些名寺名堂，更有名手名家为其增光添彩，留下无数名作名品。如开业寺位于丰乐坊，本隋胜光寺，蜀王杨秀所立，后徙于光德坊，于此置仙都宫，即隋文帝别庙。武德元年，唐高祖为尼明照废宫置证果寺。贞观九年，移崇德坊，于此置为唐高祖别庙，号静安宫，仪凤元年，敕废宫立开业寺，原来静安宫中宫人移往献陵。寺内有曹仲达、李雅、杨契丹、郑法士之壁画。到唐末废毁。

会昌寺位于金城坊，本隋贺若谊宅，义宁元年，唐兵入关，李世民曾驻兵于此，武德元年因而置寺。曾延招释德美住持，西院有忏悔堂，像设严华，堂宇宏丽，周廊四柱，复殿重敞，寺院建筑华丽壮观。

楚国寺位于晋昌坊，本隋兴道寺，因李渊起兵太原后，其子李智云被京城留守阴世师所杀，后追封为楚王，因立寺。寺内有楚王李智云的金身铜像及放生池。寺内还曾保存有李智云之绣袄半袖，长庆中，御赐织成双凤夹黄袄子，大和中，又赐白叠黄胯衫。其与皇室关系密切。

兴圣寺位于通义坊，原为李渊旧宅，李渊建唐后，武德元年，改为通义宫，贞观元年，立为尼寺。寺有高祖李渊寝堂，为皇家旧宅，制度宏敞。李志暕有《兴圣寺主尼法澄塔铭》。

龙兴寺位于颁政坊，贞观五年，太子李承乾立寺名普光寺，神龙元年，改名中兴寺，又改为龙兴寺。寺内有旧佛殿，有郑法轮画，有严挺之撰《大智禅师碑》言此寺乃人境之静。王玄策自天竺归来得见佛足之迹，得转写塔一本，日本使人也曾于普光寺得转写塔二本。

兴福寺位于修德坊，旧为王君廓宅，贞观八年，太宗为太穆皇后追福，立为宏福寺，神龙元年改名为兴福寺。寺有十光佛院，极其壮丽。太宗时广召天下名僧居此，玄奘自西域归来，于此寺西北禅院译经。寺北有果园，有藕花池二所。寺内有《金刚经》碑，贺兰敏之写，阴文寺僧怀仁集王羲之书写太宗《圣教序》和高宗《述圣记》，为当时人所重。

崇敬寺位于静安坊，唐高祖李渊为长安公主在隋旧寺的基础上立为尼寺，李渊死后，一度为宫，即高祖别庙。

后又为寺院。寺僧惟俨禅师影响很大，自兴善寺宽敬示灭之后，四方从道之人，有所质疑传妙，都会来上都崇敬寺参谒惟俨。唐时寺内有石像一躯，高五尺，制作粗恶，据传说是阿育王第四女所造，甚有灵验，京城人多信。

资圣寺位于崇仁坊，旧为长孙无忌宅，龙朔三年，高宗为文德皇后追福，立为尼寺，咸亨四年，又改为僧寺。寺额由殷仲容题写，楷法端妙，京邑所称。长安三年因火灾被焚烧，灰中得经数部，百姓遂施舍重建如故。寺中团塔院北堂有铁观音，高3丈余，观音院两廊有韩幹画42贤圣，元载为赞。净土院有吴道子秉烛醉画戟手及他画的高僧，韦述赞，李严书。其他另有其弟子卢稜伽画。也有杨坦画天女，阎立本画人物，李真画菩萨，边鸾画花鸟，韩幹画贤圣，另有檀章、姚景仙、杨廷光、李琳画，可谓名家荟萃，众贤毕集。寺院还以藏有千部《妙法莲华经》而出名。

招福寺位于崇义坊，本睿宗在藩时所立，旧址在隋正觉寺，南北门额为唐睿宗李旦自题。乾封二年，移长宁公主佛堂于此，因以重建，先天二年，玄宗敕出内库钱2000

万、巧匠 1000 人重修。寺内有圣容院，系御赐玄宗春宫真容坐像，另有睿宗圣容院，寺内旧有池。长安二年，内出等身金铜像一铺，并九部乐，彩乘象舆，羽卫四合，亲王亲送至寺，街中余香，数日不绝。寺内有李真画。

荐福寺位于开化坊，旧为隋炀帝宅。武德中，赐尚书右仆射萧瑀为西园，萧瑀子萧锐尚襄城公主，不欲与姑异居，遂于园后地造宅。公主卒后，官市为英王宅，文明元年，高宗崩后，立为大献福寺，度僧 200 人，天授元年改为荐福寺。中宗即位，大加营建，自神龙以后，翻译佛经并于此寺。寺东院有放生池，周 200 步，传说是汉代洪陂池，但有学者认为洪陂池即鸿池陂，在洛阳，不在长安。寺内有吴道子所画鬼神、维摩诘本行变、行僧、龙等，也有张璪、毕宏所作壁画。义净于神龙二年后于荐福寺翻经院译经，荐福寺即现今西安小雁塔所在之寺院。

光宅寺位于光宅坊，仪凤二年，望气者言此坊有异气，敕令掘得石碗，得舍利万粒，遂于此地立为寺。寺内七宝台后面有尉迟乙僧画降魔变，千怪万状。此七宝台由清禅寺寺主翻译僧德感造成于长安三年，后被日本和美国掠去 25 件，剩余 10 件，至今保存在西安，但这 35 件并非七宝台的全部石刻部件。另《咸宁县志》还收录姚元景《光宅寺法堂石柱造像铭》。

兴唐寺位于太宁坊，神龙元年敕太平公主为天后立为罔极寺，开元二十年改为兴唐寺。寺院有东般若院、西院、净土院、讲堂等，寺内有吴道子画神、金刚经变及郗后、菩萨、帝释、西方变，也有韩幹画一行大师像，吴道子弟子李生画金光明经变，杨廷光山水画，尉迟乙僧画，周昉绢画，以及董谔、尹琳、杨坦、杨乔等著名画家的作品。

安国寺位于长乐坊，景云元年敕舍龙潜旧宅为寺，便以本封安国为名。寺内有：红楼，为睿宗之舞榭；东禅院，亦曰木塔院；禅师法空影堂；大佛殿，玄宗拆寝室施舍而建；利涉塑堂，元和中，取其处为圣容院；山庭院，古木崇阜，幽若山谷；上座璘公院，有一株穗柏，枝叶扶苏，衢柯偃覆，下坐十余人；又有经院、大法师院及塔等。画圣吴道子于此寺画作最多，如大佛殿内维摩变、西方变、佛像画，都是吴道子作品，经院小堂内外、北院门外画神两壁及梁武帝与郗后，并吴道子画，且自画自题，特别是东廊大法师院塔内有吴道子和尉迟乙僧画作，可谓众妙毕备，此外，还有杨廷光画梵王帝释、涅槃变画等。柳公权之代表作《安国寺玄秘塔碑》久负盛名。

宝应寺位于道政坊，大历四年，王缙舍宅奏为寺，以年号为名。寺院弥勒殿原是王缙之寝堂。寺内有韩干所画壁画多幅，如下生嗔弥勒，衣紫袈裟，身旁仰面菩萨及二狮子可入神品。韩干是蓝田人，年轻时以为酒家送酒并收酒钱为生，常去王维、王缙家征收酒钱，遂见王氏兄弟作画，也戏作人、马于地，王维惊叹其意趣天得，于是就每年给钱二万，令学画，终成为一代名家。另外，寺院中还有杨岫之画鬼神，王缙嫌其笔迹不工。

大云寺位于怀远坊，隋开皇三年，为沙门法经所立，时有延兴寺僧昙延因隋文帝赐烛自然发焰，奏改所住寺为光明寺。为三阶教道场，善导曾于此寺说法。武后时此寺沙门宣政进《大云经》，经中有女主之符，因改为大云寺，遂令天下每州置一大云经寺。开元二十六年改为开元寺，为京城名寺。寺中宝阁高百尺，时人谓之七宝台。寺内有浮屠二，东浮屠之北佛塔名三绝塔，隋文帝立。隋时有名手同时于光明寺画小塔，郑法士图东壁、北壁，田僧亮图西壁、南壁，杨契丹画外面四壁，故以三绝为名。又有巧工韩伯通塑佛像，又有冯提伽画瘦马。

景公寺位于长乐坊，隋开皇三年置，本曰弘善寺，开皇十八年改名景公寺。有华严院、三阶院及塔等。寺内有吴道子画地狱变，笔力遒劲，变状阴怪，睹之不觉毛戴，是其得意之作。其所画之龙及天王须，如屈铁盘丝，有执炉天女，窃窃私语状，不胜其美。另有范长生画西方变，还有阎立德白画树石。华严院塔下曾出土舍利3斗4升，寺有小银像600余躯，金佛一躯长数尺，大银像高6尺，有6尺高古样精巧的瑜石卢舍那立像，黄金牒经、嵌七宝字《多心经》小屏风盛以宝函。安禄山叛乱，宫人于此寺避乱。

灵华寺位于大同坊，大历初，僧俨讲经，天雨花，至地咫尺而灭，夜有光烛室，敕改为灵华。僧俨即康藏之师也。寺院有佛殿、观音堂、圣画堂等。佛殿西廊立高僧16身，天宝初自南内移来，画迹拙俗。圣画堂有邵武宗画壁画，唐人也不知何以称圣画堂。堂中有于阗瑜石立像。

玄华寺位于安邑坊，初为居人张频宅，后舍宅为寺。寺内有观音院、卢舍那堂、曼殊院。曾铸金铜像十万躯，龛中石像涂金者犹有数万躯。寺中有虞世南书屏风；还有怀素书，颜真卿序，张渭、钱起赞；另有画人陈子昂画象马、人物，刘整画双松，皆一时之妙。

菩萨寺位于平康坊，寺院有佛殿、食堂、钟楼等。唐时，寺院制度一般是钟楼在东，但此寺却因东邻李林甫宅，故建钟楼于西。寺内佛殿名家画作琳琅满目，柱及东廊为郑法士画。后壁为吴道子画《消灾经》事，树石古险。东壁维摩变，为元和末俗讲僧文溆装帧，北壁有郑余庆题诗。东门塑神是吴道子弟子王耐儿之作。食堂东壁有吴道子画《智度论色偈变》，自画自题，笔迹遒劲，次画礼骨仙人，天衣飞扬，满壁风动。但唐人段成式认为其踪迹不及景公寺所画。据说寺僧会觉欲请吴道子作画，先酿酒百石，列于庑下，然后请吴道子参观寺院，趁机就说：檀越为我画，百石好酒就作画资。吴道子嗜酒成性，且利其多，欣然许诺，因成此寺之佳话。

保寿寺位于翊善坊，本高力士宅，天宝九载舍为寺。段成式《寺塔记》记："初，铸钟成，力士设斋庆之，举朝毕至，一击百千，有规其意，连击二十杵。"《新唐书·高力士传》却记为："于来廷坊建佛祠，兴宁坊立道士祠，珍楼宝屋，国赀所不逮。钟成，力士宴公卿，一扣钟，纳礼钱十万，有佞悦者至二十扣，其少亦不减十。"寺院有藏经阁，规构危巧，有二塔，其上火珠巨大，可受十余斛。有河阳从事李涿，曾于寺库中得到张萱所画《石桥图》，为玄宗赐高力士，因留寺中，经柳公权辨识，轰动京城。后被神策军士宣敕取走，献于唐武宗，遂令挂于云韶院。

静域寺位于宣阳坊，本太穆皇后宅，寺院有三阶院、禅院、万寿菩萨院、万菩萨堂、宝塔、佛殿、古佛堂等。佛殿内西座有番神，朴实古典，贞元以前，唐与吐蕃、回纥两度会盟，皆于此神像前立誓而盟。唐朝有孔雀中屏的传说，此寺三阶院门外就是李渊射孔雀之所。寺内有王昭隐画火目药叉、北方天王等，也有皇甫轸画鬼神及雕，形势若脱，据说吴道子以其艺逼己，募刺客将皇甫轸刺杀。

禅定寺位于永阳坊，隋仁寿二年立，武德元年改为庄严寺，大中六年，改圣寿寺。隋文帝以京城西南昆明池地势偏低，值独孤皇后崩，乃于京城西南置禅定寺，建木浮屠，高300尺，架塔七层，骇临云际。此寺建筑雄伟，有天下梵宫之称，《续高僧传·昙迁传》记："殿堂高竦，房宇崇深，周间等宫阙，林囿如天苑，举国崇盛莫有高者。"不仅塔殿高敞壮丽，其内之园林堪比天苑，《宋高僧传·慧灵传》记唐宣宗大中七年幸庄严寺，登大塔，敕文："朕以政闲赏景，幸于庄严。其寺复殿重廊，连甍比栋。幽房秘宇，窈窕疏通，密竹翠松，垂阴擢秀，行而迷道，天下梵宫，高明寡匹。当建之时，以京城西昆明池势微下，乃建木浮图，高三百尺。藩邸之时，游此伽蓝，睹斯胜事。"宣宗继位之前就多次来此寺游玩，林密竹深甚至可以迷路其间，景色之美，可想而知。此外，圣寿寺木塔院多郑虔画并书。

千福寺位于安定坊，本章怀太子宅，咸亨四年舍宅为寺，大中六年改兴元寺。寺院有东塔院、西塔院、东阁、佛殿等。西塔院有王维掩障，一画枫树，一图辋川。千福寺之寺额由上官婉儿书写，寺内还有太宗撰《圣教序》，由沙门怀仁集王右军书而成；更有《楚金和尚法华感应碑》，由颜真卿书，徐浩篆额，碑阴由沙门飞锡撰，吴通微书；北廊堂内有南岳智顗思大禅师法华七祖及弟子影，韩幹画，沙门飞锡撰并书；院门北边碑由颜真卿书，南边碑由张芬书；向里面壁上碑，吴通微书，僧道秀撰；石井栏上为李阳冰篆书；东阁由唐肃宗置，面东之碑由韩择木八分书，王据撰；天台智者大师碑由张芬书。另有杨惠之画鬼神，杨廷光画鬼神，卢稜伽画传法24弟子，尹琳画普贤菩萨，吴道子画帝释、鬼神、弥勒下生变，韩幹画天师真，李纶画普贤菩萨，田琳画文殊师利菩萨。其塔名多宝塔，塔在寺中，造塔人有木匠李伏横，石作张爱儿等，简直就是一座美术博物馆。

崇圣寺位于崇德坊，在城西五里，建于隋代。唐太宗、高宗时实为皇家寺院，嫔妃多在此出家为尼，本为道德、济度二尼寺，后为灵宝寺和太宗别庙，仪凤二年，改为崇圣寺，是长安古刹中较有影响的一座。

洪福寺，又名弘福寺，在城南大赵村，贞观年间，唐太宗为太穆皇后祈福所建。玄奘住此寺，为著名译场，神龙元年改为兴福寺。

其他还有清教寺、华藏寺、安庆寺，等等，不胜枚举。

唐代皇帝多次参与供奉法门佛骨的活动，特别是唐太宗、高宗、武后、肃宗、德宗、宪宗、懿宗等七迎佛骨，既显示了作为寺院的法门寺宗教地位非同寻常，也说明佛教与唐代皇室的关系尤其密切。特别是自20世纪法门寺考古出土了大量珍贵文物，也让这座本来就特殊的寺院更加神秘。

另一类寺院以慈恩寺、香积寺、华严寺、云华寺、净业寺、兴善寺、青龙寺、西明寺、丰德寺、西太原寺等为代表。慈恩寺位于晋昌坊，建于贞观二十二年，是唐高宗为文德皇后所建，故以慈恩为名。寺本净觉故伽蓝，因而营建，凡十余院，总1897间，敕度僧300人，其中另建有翻经院，请玄奘从弘福寺移居翻译，并任该寺上座。初，玄奘自西域归来，诏太常寺卿江夏王李道宗设九部乐，迎经像入寺，盛况空前，仅彩车就有千余辆，太宗亲御安福门观看。永徽三年（652），玄奘请求唐高宗在慈恩寺内建石浮屠，原拟建塔高百米，后因工程浩大，塔改用砖造。

建成后，玄奘为此写有一篇《愿文》，唐太宗亦有一篇《圣教序》。慈恩寺是法相宗的祖庭。

西明寺位于延康坊，旧为杨素宅，其子杨玄感谋反没官。武德初，万春公主居此。贞观中，赐濮王李泰，李泰死后，由官府市买，唐高宗为病愈立为寺。大中六年，改为福寿寺。寺内僧厨院有杨素旧井，寺众谓之灵井。玄奘曾居此寺。寺有钟，章怀太子曾为钟撰铭《西明寺钟铭》，西明寺牡丹颇受京城人赏识。寺内有杨廷光画，有褚遂良书写的《传法者图赞》，欧阳通书法，长安西明寺的《金刚经碑》备有钟、王、欧、虞、褚、陆之体而傲视群寺。玄奘的一个弟子圆测在西明寺发展了法相宗的另一学派，西明寺也成为慈恩宗的根本道场。

香积寺在城南子午谷正

西明寺遗址出土石佛像头

280

北的神禾原上，位于西安城西南潏河与滈河汇流之处，于唐中宗神龙二年（706）建成，为祭祀善导和尚修建，成为净土宗的活动中心。寺院规模宏大，广构伽蓝，堂殿峥嵘。造大窣堵波，周回200步，直上13级，密檐砖砌仿木结构，高耸奇秀，瞻星揆地。善导著有多部净土宗典籍，其中《观无量寿经疏》也称《观经四帖疏》，叙述净土法门的教相教义。

华严寺建在城南少陵原上，建成于唐德宗贞元十九年（803），是华严宗的寺院。

净业寺建在终南山北麓沣峪口附近，建成于唐代初年，是律宗的寺院。

此外，大兴善寺位于靖善坊，寺取大兴城两字、坊名一字为名。三藏不空曾于此寺住持，弘扬密教，在朝廷的支持下影响巨大，故此寺成为佛教密宗的发源地。寺为隋代建都时改建西晋之遵善寺而成，由灵藏和宇文恺选址于靖善坊天街之左而置寺。其寺内殿堂崇广为京城之最，号曰大兴佛殿，制度与太庙同。大兴善寺翻经院，为开国灌顶道场，属于唐代京城国家译经馆之一。唐人段成式记寺

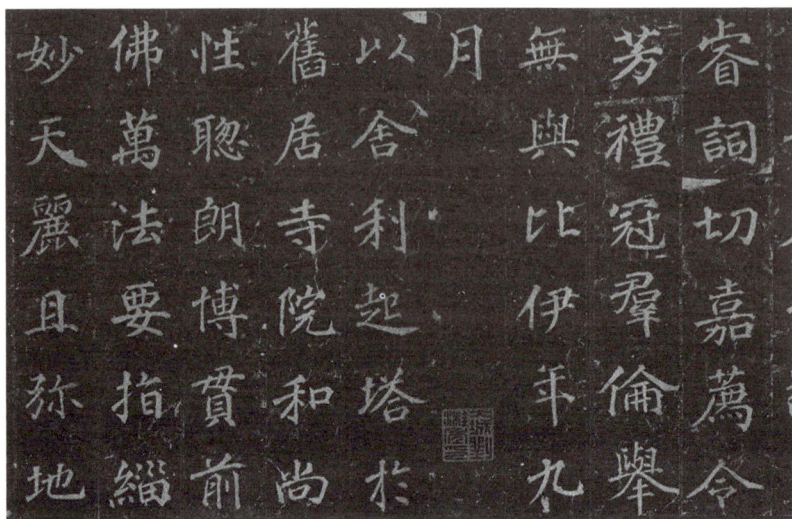

唐代徐浩《不空和尚碑》

内有不空塔，其塔前多老松，同时寺内有贝多树，曲池多白莲，东廊院有青桐，素师院有合欢牡丹，深得京城民众喜爱。行香院堂后壁上有梁洽画双松，超凡脱俗，曼殊堂工塑极精妙。寺内有栴檀像，有于阗玉像，有隋舍利塔。寺内天王阁，长庆中建造，其像巨大无比，系当时天下之最。唐人张彦远记大兴善寺内壁画至妙，有画坛名手曹霸、吴道子、尹琳、刘焉所作壁画。著名书法家徐浩就曾以《大兴善寺不空和尚碑》而名闻天下。

青龙寺位于新昌坊，本隋灵感寺，龙朔二年新城公主奏立为观音寺，景云二年改名为青龙寺，不空的弟子惠果住青龙寺，使得青龙寺也成为密教的中心。北枕高原，南望爽垲，有登眺之美。新罗僧人惠日，日本求法僧空海、圆仁、圆珍曾入青龙寺留学、受法，后空海归国后发扬密宗，为日本佛教密宗之祖。寺内有吴道子、王韶应所画壁画。经过考古工作者多次发掘，其遗址上出土了佛像、经幢等佛教遗物多件，清理出佛殿、塔基和回廊等遗迹多处。现在青龙寺樱花每逢春天景和日丽之际，会吸引大批中外游客，成为西安一景。

道宣曾住终南山丰德寺，怀素住西太原寺，他们二人和相州日光寺的法砺并称为"律宗三家"，建立唐时律学的三大派，后来南山一系独盛，传承不绝。

唐代许多著名高僧大德在这类寺院中译经讲学，建立宗派，因此，这类寺院在思想文化上占有更重要的地位。据宿白考证，唐朝没有新建占一坊之地的寺院，占1/2坊的有大慈恩寺、大荐福寺、大安国寺，占1/4坊的寺院有西明寺和青龙寺，还有一些占1/16坊的寺院。

唐朝不仅长安城内外有很多寺院，甚至宫城和皇城之中也建有许多寺院、佛堂、精舍，用于皇室做法事、建内道场，也有不少宫人于此出家修道。张弓曾经注意到唐代宫禁中内道场的问题，孙昌武考证出唐代宫城和皇城中的佛寺 13 所，如德业寺、奉敬寺、佛堂院、福寿寺、弘法院、护国天王寺、元和圣寿寺、昭德寺、追福院，以及御史台精舍、神策军精舍等。龚国强在其基础上又加以补充，达到 22 所，在长安禁内的佛教内道场有弘法院、大佛光殿、佛堂院、含凉殿佛堂、大明宫尼庵、长生殿内道场、昭德寺、昭成寺、追福院、南桃园译经内道场、奉敬寺、法乾内寺、护国天王寺、左神策军精舍、元和圣寿寺、德业寺、北苑翻经内道场、咸泰殿内道场。在皇城内的佛教遗迹有御史台精舍、太仆寺佛堂。据日本求法僧圆仁记禁内应该还有神农寺。

此外，出土文物所见之禁苑宫中的佛教遗迹亦应引起关注，如唐长安东宫佛堂院残碑，正面刻《客省新修佛堂院之记》，背面有《内外客省重修佛堂记》。又大明宫三清殿遗址出土了一件残铜佛。大明宫遗址出土石佛像头和唐代菩萨残像，不在同一位置。大明宫太液池南岸大型廊院建筑遗存中出土过背上有莲花座的石象，惜座上的菩萨像未被发掘，另有石灯台顶部残块，说明此处曾有佛堂存在。兴庆宫曾出土过残佛像底座，说明兴庆宫中也有佛寺或佛堂存在。兴庆宫景龙池遗址出土一件白石菩萨坐像，装扮华美，雕刻细致，莲台下部浮雕六个乐舞飞天等。

通过学者们不断的研究发现，唐代长安宫内禁苑的佛教场所也不少。其存在时间或长或短，发挥的作用也不尽相同，或者是皇室成员举行佛教仪式的场所，或者是三教讲道之所，或者是宫女出家修道之地，或者系皇帝诞日、佛诞日、先帝忌日、迎送佛骨等活动的场所，统谓之内道场，即禁内佛事场所。据日本僧人圆仁会昌四年（844）记禁内佛事的惯例有："长生殿内道场，自古已来，安置佛像经教。抽两街诸寺解持念僧三七人，番次差入，每日持念，日夜不绝。……每年至皇帝降诞日，请两街供奉讲论大德及道士于内里设斋行香，请僧谈经，释教、道教对论义。"可知禁内佛事活动有些是经常性的，如长生殿道场；有些是定期规律性的，如皇帝生日三教讲论活动；也有些受皇帝本人信仰或特殊事件的影响而出现，如唐肃

唐代慈恩寺塔石门楣佛殿与佛像线刻画

宗、代宗信崇佛教。内道场一度有僧数百人，于佛像前讲

经念诵，昼夜不绝。《旧唐书》记载："代宗尝问以福业报

应事，（元）载等因而启奏，代宗由是奉之过当，尝令僧

百余人于宫中陈设佛像，经行念诵，谓之内道场。其饮膳

之厚，穷极珍异，出入乘厩马，度支具廪给。每西蕃入寇，

必令群僧讲诵《仁王经》，以攘虏寇。苟幸其退，则横加

锡赐。……代宗七月望日于内道场造盂兰盆，饰以金翠，

所费百万。又设高祖已下七圣神座，备幡节、龙伞、衣裳

之制，各书尊号于幡上以识之，异出内，陈于寺观。是日，

排仪仗，百僚序立于光顺门以俟之，幡花鼓舞，迎呼道路。

岁以为常，而识者嗤其不典。"代宗时期，内道场既有规律性定期活动，如宫内盂兰盆节；也有临时性活动，如群僧于吐蕃寇边时讲诵《仁王经》活动。

此类活动多为宫禁之中增添宗教色彩，但也可能带来娱乐效果，缓解宫内紧张气氛。如《通鉴·唐纪》记唐肃宗上元二年（761），皇帝生日天成地平节，"上于三殿置道场。以宫人为佛菩萨，武士为金刚神王，召大臣膜拜围绕"。以宫人和武士扮演佛、菩萨、金刚、力士等神王，既是礼佛，也是娱人，各得其所。这些活动需要皇帝、宫人、百官、武士等相关人员联合举办。

中古佛教寺院是社会文化的中心，隋唐长安的佛寺也是如此。长安众多寺院不仅是佛教宗教活动中心，也成为市民文化活动中心，寺院有恢宏雄伟的建筑艺术，还有精美绝伦的雕塑、壁画、书法等多种艺术形式，可供前来参观者瞻仰游赏，满足不同层次人们的多种需要，佛教信众由此理解教义之玄妙，文人学者仔细品味其中之深意，普通民众则于泛泛浏览中寻求快乐，各取所需。

第二节　道教及京城道观

隋唐两朝基本推行重释崇道的政策，作为都城所在地的关中，既是佛教中心，也是道教核心地区。

隋代建立后，一改北周压抑宗教的政策，不仅重兴佛教，也恢复道教。隋文帝在京畿造道观 36 所，度道士 2000 人；炀帝时，又造道观 24 所，度道士 1100 人。隋朝有诏："有毁坏偷盗佛及天尊像、岳镇海渎神形者，以不道论；沙门坏佛像、道士坏天尊者，以恶逆论。"借以保护扶持道教及道观。李渊率军自晋阳进军关中，有道士陈说符瑞，言圣祖垂祐，圣德感天，谋无不胜。武德年间，有樵夫言于羊角山见到白衣老人，自称是皇帝的祖先太上老君，李唐可长有天下。李渊遂改浮山县为神山县，改羊角山为神角山，于山上修兴唐观，塑太上老君像。从此唐王室成为老子的后裔，称老子李聃为远祖。实际上，李聃是道家思想的创始者，与道教没有关系，道教是从神仙巫术发展出来的。但因缘际会，唐朝需要道教以神化政权，

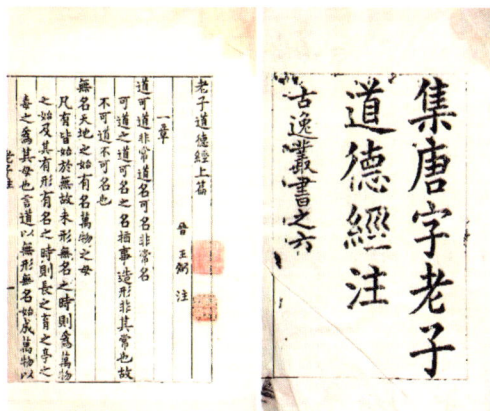

道教也需要皇权的扶持。从此，李唐大力弘扬道教，唐高祖规定儒释道三教的先后顺序是：道为先，儒其次，佛在后，确定了唐王朝崇道的基本政策。唐太宗时，又命道士、女冠处于僧尼之前。唐高宗追封老子为太上玄元皇帝，道士女冠改隶宗正寺。诸州置道观，上州三所，中州二所，下州一所，每观各度七人。到武周时期，推崇佛教，将释教处道法之上，缁流处黄冠之前。中宗以后，复又如旧，道教重登首位。唐玄宗尤其崇道，下令于全国各地建立玄元皇帝庙，将长安玄元皇帝庙改为太清宫，洛阳的改为太微宫，全国各地的玄元皇帝庙改为紫极宫。又将庄子尊为南华真人，尊列子为冲虚真人，改《庄子》为《南华真经》，改《列子》为《冲虚真经》。在京师设立崇玄学，置博士、助教各一人，学生百人。后改崇玄学为崇玄馆。每岁贡举，增设道举，考《道德经》、《南华真经》、《冲虚真经》和文子《通玄真经》等几部典籍。玄宗还派遣使臣往各州搜集道经，纂为《开元道藏》，共 3744 卷，又名《三洞琼纲》。随后令崇玄馆缮写，并令诸道采访使转写，便于传诵、传播。

在李唐弘扬道教的政策下，关中以及全国的道观数量与日俱增，《大唐六典》记开元年间，"凡天下观总一千六百八十七所。一千一百三十七所道士，五百五十所女道士"。全国有道观 1687 所，1137 所为道士观（约占 67%），550 所为女道士观（约占 33%），女道士观所占比例低于佛寺中女尼寺的 39%。而长安城中之道观数，前揭韦述所记，隋大业初，"有道观十，谓之玄坛"。其中道士观 8 所，女冠观 2 所。而唐代开元年间，"道士观十，女冠观六"。隋代有道观 10 所，唐代一度达到 16 所，10 所道士观（约占 63%），6 所女冠观（约占 37%），与全国相比基本持平。有学者考证出唐代长安道观数量达到 42 座，后更增加到 50 座，远远高于 16 观之记载，用寺观林立来形容唐都长安并不为过。

唐代长安城道观多数分布于外城之里坊中，也有一些在宫城内，如归真观、望仙观、玉晨观、大角观、玄武观、明义观、玄英观、玄元皇帝庙、三清殿、太清宫等。玄元皇帝庙为唐代皇帝家庙，太清宫属国家祭祀之所，只是兼有某些道教属性。在外郭城的道观，又表现出"大分散，小集中"的特点：畿内各县、城南城北、东街西街多有道观分布其中，属于大分散；其中有些里坊出现一坊二观或一坊三观的情况，如崇业坊内就有福唐观、新昌观和玄都观，特别是宫城、皇城周围的宫观分布较其他区域密集，这一范围的宫观可达19所，属于小集中，这也是唐代道教接近皇权、接近权贵、接近人口密集区的结果。另外，唐代长安道观有些是在隋代道观的基础上改建扩建而成，如玄都观、清都观、清玄观、五通观、清虚观、天长观、三洞观、至德观等8座；但更多的是唐代新建而成，如东明观、龙兴观、兴唐观、唐昌观、福唐观、延唐观、昊天观等42座。这些唐代新置立的长安道观有些规模宏大，极土木之盛，如东明观、兴唐观、太清宫、金仙观、玉真观等，都是长安城中的宏伟建筑，既可发挥其宗教功能，也是各种斋醮祭祀的场所，还具有文化娱乐功能，如宫观内可藏书、图绘书法壁画、展示文化景观、举子习业交游等。

东明观坐落在长安城普宁坊，建于显庆元年（656），唐人韦述在《两京新记》中记：东明观"规度仿西明（寺）之制，长廊广殿，图画雕刻，道家馆舍，无以为比"。东明观的建筑雄伟无比，而内部收藏的书籍也极为丰富，据柳宗元《东明张先生墓志》记："居东明观三十余年，受毕法，道行峻异，得众真秘书诀箓，聚经籍图史，侔于麟阁。"道士张因居东明观30多年，观中收藏经籍图史与国家藏书相差无几，也说明此观地位之重要。

玄都观，本名通达观，在崇业坊，隋朝修建大兴城时所置，"初，宇文恺置都，以朱雀门街南北尽郭有六条高坡，象乾卦。故于九二置宫阙，以当帝之居；九三立百司，以应君子之数；九五贵位，不欲常人居之，故置玄都观、兴善寺以镇之"。此观之位置在隋唐人看来极为神秘，这对宗教而言当然极为有利。玄都观同样也是道学中心，观内收藏万卷图书，"玄都观有道士尹崇，通三教，积儒书万卷，开元年卒。天宝中，道士荆朏亦出道学，为时所尚。太尉房琯每执师资之礼，当代知名之士无不游荆公之

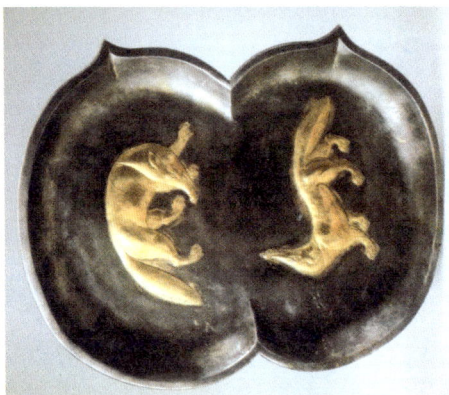

唐代鎏金双狐纹桃形银盘

门。"玄都观借助道观发挥道教功能，借助藏书发挥文化中心的作用，官员、文人学士多来往其间，特别是诗人刘禹锡与玄都观有不解之缘，他有《戏赠看花诸君子》诗："紫陌红尘拂面来，无人不道看花回。玄都观里桃千树，尽是刘郎去后栽。"以及《再游玄都观》："百亩庭中半是苔，桃花净尽菜花开。种桃道士归何处？前度刘郎今又来。"他在诗序中提到玄都观前后的变化：由观中无有花木到红桃满观，再到荡然无复一树，只有燕麦兔葵随风摇摆。前后24年间，玄都观的变化可谓极大，而刘氏只是借一观之荣辱来暗示一朝之盛衰。

此外，如政平坊的安国观，本为太平公主宅，景云元年置道士观，后改为女冠观。《唐语林》记："明皇时玉真公主所建，门楼高九十尺，而柱端无斜，殿南有精思院，琢玉为天尊老君之像。叶法善、罗公远、张果先生并图形于壁。院南池引御渠水注之，叠石像蓬莱、方丈、瀛洲三山。女冠多上阳宫人。其东与国学相接。"据此可知安国观虽为女道士观，其建造规格却非同一般，既有富丽堂皇的建筑，又有极其精致的雕像壁画，还有风景秀丽的山水园林。曾经保存名手壁画的宫观还有亲仁坊的咸宜观，窗间写真及明皇帝、上佛、公主等图，为陈闳所画，三门两壁及东西廊，殿上窗间真人，为吴道子所画；平康坊的万安观，屋门外北壁，李昭道画山水；同在平康坊的嘉猷观，有王维、郑虔和吴道子的画壁；崇化坊的龙兴观和大宁坊的太清宫内，都曾有画圣吴道子画神像或玄元皇帝真容等。

兴唐观，位于长乐坊，《唐会要》记："本司农园地，开元十八年造观。其时有敕，令速成之，遂拆兴庆宫通乾殿造天尊殿，取大明宫乘云阁造门屋楼，白莲花殿造精思堂屋，拆甘泉殿造老君殿。"兴唐观用地是官府机构之地，材料是拆修宫殿之材，动用政府财力建筑道观，正显示长安道教的特殊之处。《长安志》记："元和八年，命中尉彭忠献帅徒三百人修兴唐观，赐钱千万，使壮其旧制。其观北距禁城，因是开复道为行幸之所。又以内库绢千匹、茶千斤，为夫役之赐，庄宅钱五十万、杂谷千石，充修斋醮之费。"修造兴唐观用的是唐政府的人、财、物，同时也有复道通宫内，说明此观除宗教用途外，还是皇帝游乐赏玩之处。

唐代彩绘陶骑马驮鹿狩猎胡人俑

太清宫，在大宁坊，唐玄宗天宝元年（742），将老子玄元皇帝庙改为太上玄元皇帝宫，次年，改西京此庙为太清宫，东都为太微宫，诸州为紫极宫。以太白山白石为真像，玄宗、肃宗真容侍立左右，《长安志》记："宫垣之内，连接松竹，以像仙居。殿十二间，四柱，前后各两阶，东西各侧阶一。其宫正门曰琼华，东门曰九灵，西门曰三清。"其内布局是：御斋院在宫之东，公卿斋院在宫之西，道士杂居其间。其规格与皇帝庙或皇宫同一等级，并且要打造成自然仙境。隋唐长安寺院道观数量很多，它们对城市环境也带来了不小的影响，但总体上是正面的。

隋大兴城、唐长安城不仅是道观密集之地，也是高道云集荟萃之所，加之唐政府经常征召名山仙观之著名道士来京，也经常于此组织儒、玄、释三教讲论争辩，还将《道德经》《南华真经》《通玄真经》《冲虚真经》等经列入科举，设立专门培养道学人才的崇玄馆，这些扶持性措施在京城贯彻最彻底，让长安成为名副其实的道教文化中心和道学中心。当时不少道教文献在长安编纂，不管是对《道德经》的注疏，还是唐代《道藏》的修纂，抑或是《经目》的编修，或者编撰地在长安，或者以长安道士为主，编成后关中诸道观也最先入藏，再由此向各地传写流播，这些足以说明将长安作为全国道教中心也是客观历史形势的必然选择。

第三节　外来宗教

值得注意的是，长安城一些里坊内并存有佛寺、道观、祆祠、胡寺。如醴泉坊内，西南隅有三洞女冠观，观北有妙胜尼寺，十字街北之西有醴泉寺，十字街南之东有波斯胡寺，西北隅有祆祠。一坊之内佛道并存，兼有三夷教，正反映了唐代长安宗教文化的多元性特点。

作为国际性大都会，长安城有大量的外来人口，外来宗教各派也随着外来人员在此传经布道，有些教派还建立寺院祠堂，有固定的信众和专门的教职人员。如祆教、景教、摩尼教、伊斯兰教、婆罗门教等，这些教派与儒释道三教并存，都曾为隋唐文化做出自己的贡献。唐人杜佑

唐代《大秦景教宣元至本经》石经幢

《通典》提到：高祖武德四年，置祆祠及官；太宗贞观二年，置波斯寺，天宝四载，改波斯寺为大秦寺；玄宗开元二十七年，曾下令禁断摩尼教，但胡人信奉并不禁限。唐代外来宗教既有火祆教，又有大秦景教，还有摩尼教，合称三夷教。唐人舒元舆在《唐鄂州永兴县重岩寺碑铭》中曾提及外来教派："故十族之乡，百家之闾，必有浮图为其粉黛。国朝沿近古而有加焉，亦容杂夷而来者，有摩尼焉，大秦焉，祆神焉，合天下三夷寺，不足当吾释寺一小邑之数也。"唐人对外来宗教持宽容和默许的态度，即使如舒元舆这样忠实的佛教信仰者，也只是不屑一顾而已，并无敌意。学者认为唐朝对外来宗教的政策早期颇为宽容，甚至优礼，但到武宗会昌时一改前政，开始排挤压抑外来事物。

一、祆教

祆教，又名琐罗亚斯德教，通常被称为拜火教，是三夷教中最早传入中国者。隋唐时期，粟特人大量入居长安城，除了降户、使者、商人外，也有因为传教而来到长安的。他们居住在特别的寺院中，林悟殊认为长安有祆祠6

所，而更多学者研究后认为，长安城共有5所祆祠，分别在布政坊、醴泉坊、普宁坊、崇化坊、靖恭坊，这些坊都有粟特人群体居住，也接近长安商品交易的市场——西市。东都祆祠在会节坊、立德坊、南市西坊等坊中，凉州也有祆神祠，沙州也有祆神祠等。其中沙州祆神祠的情况在出土文献中有记载："祆神。注：右在（沙）州东一里，立舍画神主，总有廿龛，其院周回一百步。"这些散在各地的祆祠，常有群胡奉事，取火咒诅，故称之为拜火教。隋唐以萨宝管理祆祠，萨宝可以开府设专门僚属，萨宝视正五品，下设萨宝府祆正、萨宝府祆祝、萨宝府率、萨宝府史等。考古工作者在陕西省西安市郊发现了几块隋唐之前的萨宝墓志，如2000年，西安大明宫遗址出土北周同州萨宝安伽墓，发现一方墓志和一套围屏石榻，雕刻精美，石榻的内容表现粟特人各种生活场景，出现火坛与祭司，属典型的祆教拜火圣坛图，另有会盟场景、饮食乐舞场景、出行狩猎场景等，属于极其珍贵的历史文物。2003年西安市大明宫乡出土的北周萨宝史君墓，其石椁、石榻、石封门上浮雕彩绘，含有十分明显的祆教特征。

北周安伽墓石榻

到隋唐时代，萨宝仍为管理祆祠的主教，《长安志》记胡祆祠："祠内有萨宝府官，主祠祆神，亦以胡祝充其职。"姜伯勤在所著《中国祆教艺术史研究》中认为：萨宝在祆祠中地位显赫，有京邑萨甫（宝）和诸州萨甫（宝）等称呼，祆祠是祭祀祆神或教徒宗教活动的场所。敦煌出土 S.367《沙州伊州地志》残卷"伊州"条涉及长安祆教活动的记载有："火祆庙，中有素书，形像无数。有祆主翟槃陀者，高昌未破以前，槃陀因朝至京，即下祆神。以利刃刺腹，左右通过，出腹外，截弃其余，以发系其本，手执刀两头，高下绞转，说国家所举百事，皆顺天心，神灵助，无不征验。神没之后，僵仆而倒，气息奄，七日即平复如日。有司奏闻，制授游[击]将军。"祆教以

300

幻术吸引民众，自高昌来长安表演，其目的不仅要获得唐政府的恩赏，也想通过获得表演权从而获得传教资格，但唐政府并非对其放任自流，"两京及碛西诸州火祆，岁再祠，而禁民祈祭"。说明唐政府对信奉此教是有所限制的，同时又规定："以其西胡等既是乡法，当身自行，不须科罪者。"即并不限制胡人信奉。

二、景教

景教为基督教的一支，在贞观九年（635）传入中国，大秦国上德阿罗本始来长安，诏于长安义宁坊造大秦寺一所，《唐会要》记贞观十二年七月，诏曰："道无常名，圣无常体，随方设教，密济群生。波斯僧阿罗本，远将经教，来献上京。详其教旨，玄妙无为，观其元宗，生成立要。词无繁说，理有忘筌，济物利人。宜行天下，所司即于义宁坊建寺一所，度僧廿一人。"从此景教也获得在长安传教和建寺的权利。高宗时，允许在各州建景教寺院，统称波斯寺，天宝年间易名为大秦寺。明代天启年间（1621—1627），关中出土著名的《大秦景教流行中国碑》，碑刻成于唐德宗建中二年（781），由大秦寺教士景净在僧伊

《大秦景教流行中国碑》拓本

斯的资助下，受大主教宁恕委托撰文，唐人吕秀岩书写。内容涉及太宗朝、高宗朝建寺长安义宁坊，封阿罗本镇国大法主，以及玄宗邀佶和等景教僧众 17 人于兴庆宫修功德，肃宗于灵武等五郡重立景寺，代宗扶植景教，德宗时在旧寺的基础上重广法堂、崇饰廊宇、建碑刻石，等等。尤其是此碑还记录了大秦国的风土物产等方面的内容，有着极其重要的学术价值，甚至有人将此碑与埃及《罗赛塔石碑》、约旦《摩押石碑》、墨西哥《阿兹特克太阳历石》相提并论，称为世界四大著名石刻。尽管此碑自出土之日起就引起世界各地学者的极度关注，但时至今日，关于此碑的出土时间和出土地点仍存在争议。出土地点形成长安说、盩厔说和长安盩厔之间说三种观点，路远在《景教与〈景教碑〉》一书中备引众说，在详尽分析之后，主张长安说更为确切。同时，关于此碑出土时间也有天启三年说和天启五年说，现在学者多倾向于天启五年即1625年出土说。

三、摩尼教

摩尼教为波斯人摩尼所创立，大约在武周延载元年（694）传入长安，王国维在其《摩尼教流行中国考》一文中备引与摩尼教有关的文献资料，以志磐《佛祖统纪》卷三九所记为最早，"延载元年，波斯人拂多诞（注：西海大秦国人）持二宗经伪教来朝"。他认为"拂多诞，摩尼僧侣之一级，见《摩尼教残经》，是为摩尼经入中国之始"。以后开元年间，史籍还见摩尼在长安活动的记载，如《册府元龟》卷九九七《外臣部·技术》记开元七年，吐火罗国王上表献解天文人大慕闍，"其人智专幽深，问无不知，伏乞天恩，唤取慕闍亲问，臣等事意诸教法，知其人有如此之艺能，望请令共（疑衍字，笔者）其供奉，并置一法堂，依本教供养"。此大慕闍，王国维认为是摩尼师。而吐火罗国王请求为其立法堂，依本教供养，应该就是要求承认摩尼教在长安有立寺传教权。是否得到允许，

新疆库车出土 8—9 世纪纸本摩尼教经典残片

不得而知。到开元二十年，有敕对摩尼教加以限制，只允许西胡信奉，而严加禁断唐人信传其教，说明之前曾经允许过，至少是默许过。

直到中唐以后，回纥助唐平定安史叛乱后，唐代宗在位期间，回纥以摩尼僧入唐，"阐扬二祀，洞彻三际，况法师妙达明门，精通七部，才高海岳，辩若悬河，故能开正教于回鹘"。随后，唐政府将回纥在长安设立的寺院命名为大云光明寺。大历六年（771），回纥请求于荆、扬、洪、越等州置大云光明寺。到元和二年（807），回纥又请于东都、太原府置摩尼寺。《唐国史补》卷下记："回鹘常与摩尼议政，故京师为之立寺，其法曰：'晚乃食，敬水而

茹荤，不饮乳酪。'其大摩尼数年一易，往来中国，小者
年转。江岭、西市商胡囊橐，其源生于回鹘有功也。"摩
尼教在回纥的支持下迅速发展，长安建大云光明寺即摩尼
寺，其他地方也建寺，《新唐书·回鹘传上》记："摩尼至
京师，岁往来西市，商贾颇与囊橐为奸。"到唐武宗会昌
年间，在毁佛之同时，其他外来宗教也在劫难逃，摩尼教
也遭到清洗，"有司收摩尼书若象烧于道，产赀入之官"。
日本留唐僧圆仁亲见其事，《入唐求法巡礼行记》卷三记：
"敕下，令煞天下摩尼师。剃发，令著袈裟，作沙门形而
煞之。摩尼师即回鹘所崇重也。"宋代赞宁《僧史略》卷
下记："会昌三年，敕天下摩尼寺并废入官，京城女摩尼
七十二人皆死，及在此国回纥诸摩尼等，配流诸道，死者
大半。"会昌年间，京城诸教派除道教外都经历了一场浩
劫，摩尼教和其他外来宗教都遭受重创。林悟殊认为对三
夷教的取缔，在客观上破坏了胡汉的和睦友好关系，主观
上则反映了统治者的排外心理。

四、伊斯兰教

伊斯兰教由阿拉伯人穆罕默德于公元 7 世纪初创教。阿拉伯语"伊斯兰"的意思是顺从（真主），其信徒称为穆斯林，意思是顺从者，故伊斯兰教也称为穆斯林教。崇奉《古兰经》，此经也是研究初期伊斯兰教思想最可靠的史料。661 年，于大马士革建立倭马亚王朝（661—750），中国史籍称之为白衣大食，750 年，建立阿拔斯王朝（750—1258），初期定都库法，后迁都巴格达。阿拔斯王朝旗帜尚黑，中国史书称之为黑衣大食。

早在唐高宗永徽二年（651），大食国就遣使唐朝，此为伊斯兰国家和中国的第一次正式交往。到德宗贞元十四年（798）的 148 年间，见于记载的大食和唐朝互派使者达 37 次之多。

唐代鎏金舞马衔杯纹银壶

中国最早记录伊斯兰教的书籍是唐人杜环的《经行记》，他这样记大食："其士女瑰伟长大，衣裳鲜洁，容止闲丽。女子出门，必拥蔽其面。无问贵贱，一日五时礼天。食肉作斋，以杀生为功德。系银带，佩银刀，断饮酒，禁音乐。人相争者不至殴击。又有礼堂，容数万人。每七日，王出礼拜，登高座，为众说法。"提到伊斯兰教的礼堂、禁忌和哈里发登座说法的内容。杜环的记载也涉及其教义和教仪："其大食法者，以弟子亲戚而作判典，纵有微过，不至相累。不食猪狗驴马等肉，不拜国王父母之尊，不信鬼神，祀天而已。"与此同时，不少大食商人前来唐朝经商。据阿拉伯作品《中国印度见闻录》记载："商人苏莱曼提到，在商人云集之地广州，中国长官委任一个穆斯林，授权他解决这个地区各穆斯林之间的纠纷，这是按照中国君主的特殊旨意办的。每逢节日，总是他带领全体穆斯林作祷告、宣讲教义，并为穆斯林的苏丹祈祷。此人行使职权，做出的一切判决并未引起伊拉克商人的任何异议。因为他的判决是合乎正义的，是合乎尊严无上的真主的经典的，是符合伊斯兰法度的。"来华的阿拉伯商人有很多人是穆斯林，故由穆斯林任番长处理相关事宜，并且由他宣讲传教，按伊斯兰教经典和法典来判决争议。当然伊斯兰教由此会逐渐在唐朝传播开来。还有，唐肃宗、代宗之际大食兵数万参与到收复两京的战争中。随着频繁的政治聘使、经济交流和军事活动，可能就有大食人留居唐朝，落籍中国。杜甫曾经见到善使大食刀的军将，《荆南兵马使太常卿赵公大食刀歌》："白帝寒城驻锦袍，玄冬示我胡国刀……镵错碧罂鸊鹈膏，铓锷已莹虚秋涛……吁嗟光禄英雄弭，大食宝刀聊可比。"此诗作于大历二年（767），正是大食援兵助唐平乱之后唐人崇尚大食兵器的表现。随着大食与唐朝的交往日益频繁，伊斯兰教也随之传入中国，长安、广州、扬州、泉州就可能成为伊斯兰教的中心。

伊斯兰教传入中国通过两条路线：一是陆上丝绸之路。二是海上丝绸之路，即随着海舶来华交易，伊斯兰教徒逐渐来到东南沿海的一些城市。如广州，唐肃宗乾元元年（758），史载："波斯与大食同寇广州，劫仓库，焚庐舍，浮海而去。"其原因如何，不得而知，但大食在广州的活动越来越多，如阿拉伯商人阿布·赛义德·哈桑在《中国印度见闻录》卷2《中国见闻续记》中记载，一位原籍是呼罗珊的商人，自伊拉克采购了一大批货物运到中国。在广州，碰到了替皇帝选购舶来品的宦官市舶使。在呼罗珊商人拒不出售的情况下，宦官采取强制手段拿走象牙等好货，引发冲突。那位呼罗珊商人花了两个多月的时间来到京城胡姆丹即唐都长安，向唐朝皇帝申诉。经过调查取证后，皇帝召回了那个宦官，不仅没收了他的财产，还把这个宦官派去皇陵当看守。阿拉伯商人自广州来到长安，他的活动范围进一步扩大。

此外，一些出土文物也证明大食文化在唐朝的存在。夏鼐《西安唐墓出土阿拉伯金币》一文中列出了许多考古出土的阿拉伯金币，西安何家村窖藏文物中有阿拉伯文化的元素，法门寺地宫出土的玻璃器也具有伊斯兰艺术装饰风格；扬州北郊唐牙城遗址曾出土一件灰青釉绿彩背水壶，壶身有"真主至大"的赞辞花纹，能够证明唐时伊斯兰教传入了扬州。

后 记

作为中华古代文明巅峰的隋唐文明，不仅成为古代东亚文明的内核，也作为世界古代文明的典范，备受世人关注。如果将古代文明比作船，其双楫就是所谓的文治武功，换言之，孔武有力意味着国力强盛，异彩纷呈证明其文化繁荣，隋唐文明的成功之处就是在文与武之双桨推动下劈波斩浪而达到的。窃以为，国力强盛让隋唐在当时声威远播，而文化繁荣则使隋唐影响泽及后世，从这个角度说，文化之于历史的影响力尤为恒久，文化范畴既是古代的，也是现代的，更是将来的。

隋唐三百多年间，海纳百川、有容乃大的社会环境，为后世创造了大量有形的、无形的文化遗产，其中，气象万千的隋唐文化在提振国人文化自信和精神自觉方面，至今仍余音未绝。诚如是，整理和挖掘隋唐文化之精髓，分析和提取隋唐文化的营养，对文化中国的建设仍有莫大意义，既是践行格物致知和经世致用士大夫优良传统的尝试，也是发挥史学知古鉴今和启迪民智社会功能的需要。虽然以一己之力只能是杯水车薪，于事无补者多，但充分挖掘隋唐历史文化资源的现代价值已经为无数先知先觉者所共识，其中既有不让隋唐之丰功伟绩湮没无闻的历史责任，也有以史为镜可以知兴替的反省意识，更有一切历史都是当代史的使命担当。每念及于此，则又为自己蚍蜉撼大树的行为而释然。

个人从事隋唐史教学和研究已经二十余年，常常有学生问及隋唐时期的许多问题，还有不少朋友在言谈之间话及汉唐，更有一些国外友人也对此饶有兴味，我尽我所知做一些解说，但常有寸管方巾、荧光烛火之憾。去年冬天，主编杜文玉教授打电话说曲江传媒集团正在筹划一套"开放的大唐"丛书，希望我能承担其中的一卷。听了杜教授的创作宗旨和思路介绍，我不假思索就承应下来。在我看来，这个平台正好给我提供总结平时读书体会和讲课心得的机会，也让我再次系统思考唐代文化发展历程和相关问题，更是我将自己理解唐文化的见解求教于广大社会精英的绝佳时机。当然，我也有一些"私心"，因为我知道，本书写作过程中肯定会有更多机会求教于杜文玉教授和其他好学深思之前辈同仁；同时，自己的一些不成熟观点或看法，也能得到丛书众多学者和评审专家的批评指瑕；通过与诸位学者的通力合作，我们所完成的这些成果之间形成相映成趣、交相辉映的格局，为有志于学习唐史和深入了解唐文化的广大读者提供更加专业的精品之作，引导历史爱好者产生对唐史一探究竟的热情，激发文艺青年探索唐史的洪荒之力，从而达到萃取唐文化之合理内核为现实社会服务的目的。

虽然本书承载了来自各方面的许多期许，但撰写与思考过程中难免存在错误失当之处，敬请读者不吝赐教，多加指正。

贾志刚

2016 年 11 月 3 日

312